鈴木正行著

ブータン小《しょう》頃《けい》

——雨季千五百km移動行——

学文社

ブータン小頃《しょうけい》＊目　次

プロローグ ……… 1

ブータンまでの時間 ……… 2

バンコク（ドンムアン）空港＊タイ入国せず

ブータン ……… 13

西部ブータン ……… 13

PARO《パロ》→THIMPHU《ティンプー》＊首都、ティンプー＊体調不良

中部ブータン ……… 44

トンサ発＊雨季移動行

東部ブータン ……… 58

TRASHIGANG《タシガン》への道 ①―橋の崩壊・流出＊タシガンへの道 ②―橋崩落・流出現場＊タシガンへの道 ③―橋流出現場を越える＊タシガンへの道 ④―GOM-CORA経由＊タシガンへの道 ⑤―三㎞の徒歩行＊インド的な村、タシガン発＊悪戦苦闘＊崩落現場再び＊チャムカルへ

中部ブータン ……… 131

チャムカル、初めての連泊＊少年僧たち＊平和な光景＊散髪＊プナカへ＊ヨートン・ラ→トンサ→ペレ・ラ＊leech《リーチ》（ヒル）

西部ブータン……187
プナカ、石割りのおじさん＊プナカ・ゾン＊大迂回、そしてナンバープレートの意味＊ティンプーへ／一日に十リットル＊サンデーマーケット＊小さな食い違い＊パロへ＊タクツァン・モナストリィ（僧院）見物＊山上の男達＊下山＊パロのホテルの従業員＊忘れ得ない国

エピローグ……267
モノローグ……269
あとがき……274

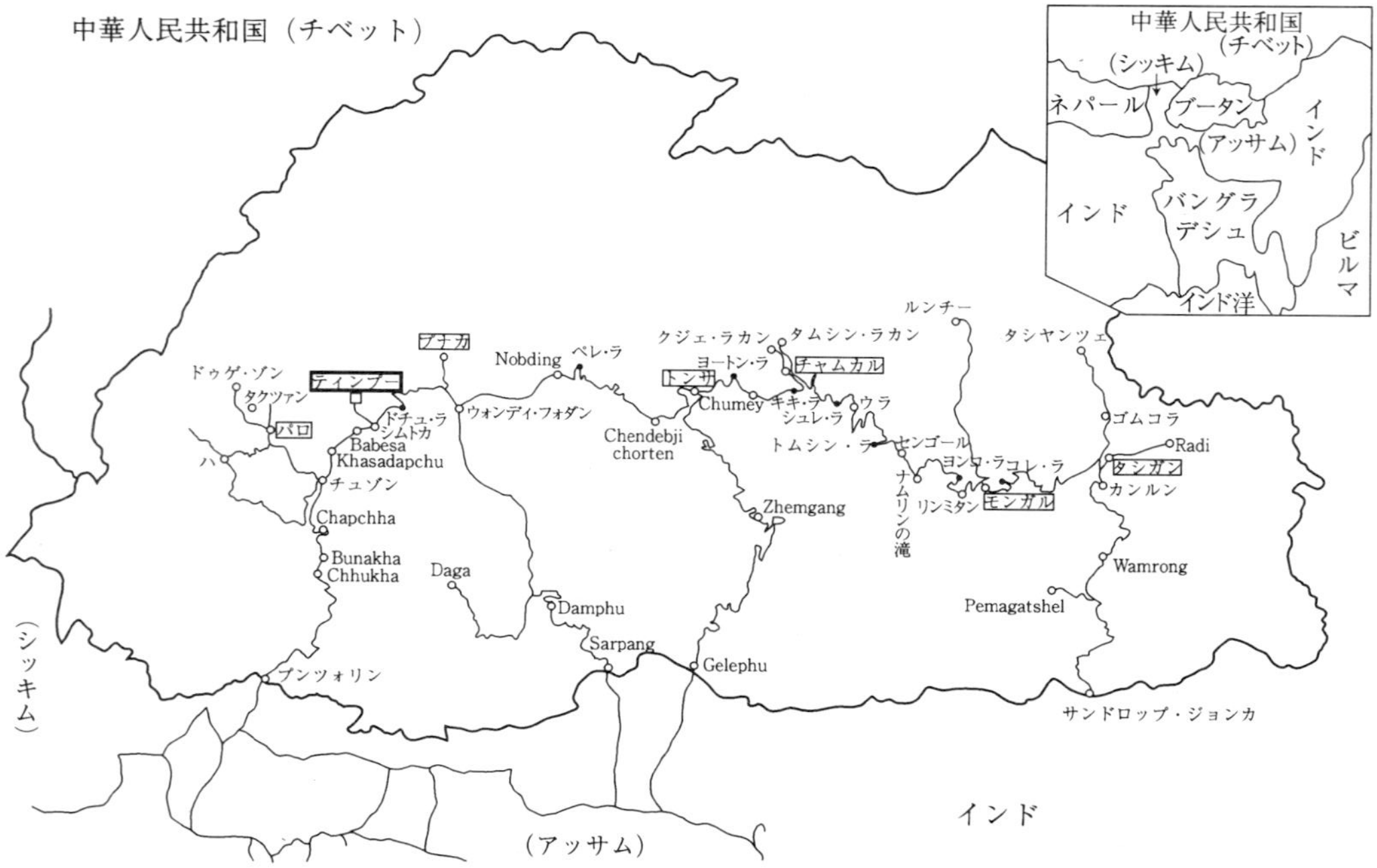
中華人民共和国（チベット）
中華人民共和国
（チベット）
（シッキム）
ネパール
ブータン
インド
（アッサム）
インド
バングラ
デシュ
ビルマ
インド洋
ドゥゲ・ゾン
タクツァン
パロ
ハ
ティンプー
ドチュ・ラ
シムトカ
Babesa
Khasadapchu
チュゾン
Chapchha
Bunakha
Chhukha
Daga
プナカ
ウォンディ・フォダン
Nobding
ペレ・ラ
Chendebji
chorten
トンサ
ヨートン・ラ
Chumey
クジェ・ラカン
タムシン・ラカン
チャムカル
キキ・ラ
シュレ・ラ
ウラ
トムシン・ラ
センゴール
ナムリンの滝
ヨンコ・ラ
コレ・ラ
リンミタン
モンガル
ルンチー
タシヤンツェ
ゴムコラ
Radi
タシガン
カンルン
Wamrong
Pemagatshel
Zhemgang
Damphu
Sarpang
Gelephu
プンツォリン
サンドロップ・ジョンカ
（シッキム）
（アッサム）
インド
ブータン全体図

プロローグ

『そうしたいのなら、そうしてもらう以外ないだろう。このことはどうしようもなく、仕方のないことなのだ』

いつもながらの諦めの気持ちで、その怒りを鎮める。

――本当に仕方ないことなんだから。

独り言が衝いて出る。

朝、ちょっとした理由から、一台電車を逃《のが》してしまう。

しかし何とか成田からは当該機に乗れた。

――怒りをぶつけても、ぶつけなくても結果はたぶん同じだったろう。ならば、仕方のないことなら、ぶつけることはないだろう。それの方がお互い、嫌な思いをせずにすむ……。

ブータンまでの時間

バンコク（ドンムアン）空港

この旅行に際して手続き（入国ビザ、航空券等）を依頼したT旅行社の男の人（Kさん）は、バンコクでの一日泊のことは特別何も問わなかった。

※二〇〇〇年八月現在、ブータンは旅行者の自由な行動を認めていない。原則として必ず、同国の旅行代理店を通さなければビザは下りないし、その代理店のガイドと共に行動を、ブータンに居る期間中しなければならない。従ってごく普通は、日本の旅行代理店に依頼して同国との交渉に——同国の代理店を通して——当たってもらうことになる。私は三軒当たって、T社を選んでいた。

この旅行の主目的国はブータンであり、そこへの入国にはどうしてもバンコクで一泊しなければならないのだが、個人客のこちらに対しては、問われない限り語り掛けない、という風が読み取れた。それはそれでこちらにとっては有難く、正解である。

　それでこちらからそのことを訊いてみる。

「バンコクに一泊しなければならないということですが、私は町中に行くつもりはありませんので。つまり、ブータンへのフライトが出るまで空港内で過ごそうと思っているのですが、そういう者の場合はどういうことになるのですか？」

「それでも一旦は、出国してもらうことになります」

「つまり、一旦イミグレーションを通って出国するのですね？」

「そうです」

「出国せずに、トランスファー（乗り継ぎ）はできないのですか？」

「ええ、まだこのブータン航空ではそのような方法を択っていないので、一旦出国されて、そして出発フロアの搭乗カウンターでそれを入手してもらわなければなりません」

　ブータン国営航空の〝DRUK《ドゥルック》 AIR《エア》〟ではその航空券は、その搭乗地のバンコクでしか受け取れないという。従ってどうしても、一旦タイに入国して、その搭乗カウンターで航空券を受け取らなければならない。但しこのことをスムーズに運ばさせる為の、その航空券（こちらの名前の明記されている）のコピーをT社では渡してくれていた。

「空港内で過ごすのに、一旦入国して、また出国するとなると、タイでは二百バーツの税金、あるいは空港使用料でしたか、が掛かりますよね」

「今は五百バーツです」

「五百バーツ?」

「そうです」

以前タイを訪れたのはいつだろう。まだ二〜三年前のことにも思えるが、もう四〜五年は経っているのだろうか。しかしその間にその代金は倍以上になっている——正確には四年半前の九五年末から九六年正月にかけての、タイのみへの一週間程の旅行以来だ。

「それなら尚更勿体ないですね。ただ単に航空券を受け取る為にだけ入出国するのに、五百バーツも支払わなければならないなんて」

「残念ですが、ドゥルック・エアの場合はそうする以外ないのです。まだ小さな会社ですので、多くの、利用者に対する便宜は図られていないのが実情なのです」

私は数回のKさんとの遣り取り——問い合わせ、申し込み、そして入金等と、数週間、その間にはあった——の中で、しかしずっとこの点だけは何ともやはり容易には了解し難い風を伝えていた。それで幾度目かの話し合いの折に、彼から次のような言葉を引き出す。

——五百バーツは何とも高いですね。こちらは空港から一歩も出るつもりはないのに——

「実は二十四時間以内なら、その代金五百バーツが免除される方法があるのです。多くの人はこのことは知らないのですが……」

彼が語るところによると、入国後二十四時間以内に出国する者に対しては、それが免除されるというのだ。つまり到着後の空港ターミナルビル内で、入国の為のイミグレーションを通過する前に、そのことを為《な》してくれるカウンターを見つけられれば、一旦入国しても大丈夫だと。出国に際して、そこで貰ったその旨を記したサイン、あるいはスタンプを搭乗のチェックイン時に示せば、五百バーツの支払いは免除されるというのだ。

「このことはあまり公になっていないことなので、うまくそのサインを貰う処が見つけられれば、ということなのですが……」

こちらはとにかく、そのような場所が見つけられるよう動こうと考えるが、仮に見つけられなくとも何らかの方策はあるものと思い、このことは了承してKさんとの会話を、そしてT社との手続きを済ませていた。

『とにかく入国はしない方がよい』

との思いをもって動こうと決めていた。

全日空九一五便は午前十時十六分に成田を離陸する。全日空が国際線業務を開始して、もうだいぶ経つと思うが、国際線に乗るのは初めてだ。いや日本の会社を利用すること自体が稀であるのだから、それも当然だろう。

機内サービスは当然に良い。通路側の席になったこともあって、ビールを数回頂く。機中でやることは少ない。隣二席には若い学生のような女の子が居るが、どうにも話し掛けようとする気は起こらない風の子たちで、一言も交わさずに過ごす。

午後三時四十三分、バンコク、ドンムアン空港に着陸する。当地時刻は午後一時四十三分。

同五十七分には降機して、そのフロアのトランスファー・カウンター辺に居る。そしていくらかイミグレーション方向へ歩いた処にあるインフォメーションで尋ねる。

「二十四時間以内に出国するので、その証明となるスタンプを貰いたい」

「ああそれなら、昨年の十二月三十一日をもって終了した」

英語での詳しい説明を聞いても大して意味はないので――それに十全には理解できないし――、とにかく現在はそのようなことは行なわれていないという結論《こと》を知って、そこを離れる。

『マァ、いいだろう』

と思う。初めから入国する気は――ギリギリまで待ってどうしても埒が明かなければそうするつもりだが――ないのだから。

列を作るトランスファー・カウンター辺りに戻り、しかしこちらは現実には明朝のそれなので並ぶことなく、一旦エスカレーターで上の階（三階）に行く。とにかく明朝まで時間を潰さなければならない。

免税店の並ぶ前にある椅子に坐って時を過ごす。考えることは大してない。持参の本を読んで過ごすが、それも長くは続かず、いくらかの寝不足もあって、ベンチで瞑目して時を送る。時は自然に流れてゆく。

隣辺のベンチに坐る人の姿は時の経過と共に変わってゆく。私のように長い時間居る者はいない。せいぜい五～六時間か。日本人らしき者が多い。

時刻は夜になっている。しかしこのロビーに、時刻の経過による変化はあまりない。

午後十一時も過ぎると、ベンチの人たちは本格的に眠りに入る。そのような姿勢をとる。こちらもなるべく楽な姿勢となる。

午前一時も近くなって、見ると知らぬ間に目の前の免税店のショーガラスの明りが消えている。店員は居るが販売はしていない。彼女等にとっても休息の時だ。

眠りと目覚めを繰り返す。その度、リュックとショルダー（カメラ）バッグを確認する。これもこのような処で眠る時にはいつものことだ。

タイ入国せず

翌朝四時四十五分、動き出す。荷物を携えて、トイレへ行き洗面等をする。ブータンへのフライトの二時間前は五時五十分だ。

「五時三十分にはトランスファー・カウンターは開く」

昨日そのカウンターに居る係員から聞いている。その為にはこの時刻に動き出すのも遅くない。

そして五時十三分、階下のカウンターへ行く。既にカウンター内には女の係員が居る。昨日は、「五時三十分」と言っていたが、取り敢えず問い掛けてみる。

「あちらの方でやる」

左手方向のカウンターを指差す。そこには誰も居ないが、とにかくそちらへ動いて、その先にあるベンチに坐っている。周りにも客らしい人影はない。まだ五時をいくらか過ぎたばかりだ。

暫くポツネンとしている。指差された方向のカウンターを見ると、いつの間にかそこにだけ女の人が居る。時刻は五時四十分になっている。立って行って訊いてみる。すると、

「六時から」

「ドゥルック・エア？」

と、問い掛けての返答がそうであった。半信半疑ながらも、彼女は、「違う」とも、「ここではできない」とも言わない。“DRUK AIR”を了解しているのだ。

再び横のベンチに戻ってその時刻を待つ。

そこにブータン人らしい風貌の男二人がやって来る。こちらを見て、目で挨拶する。こちらもそれに応える。顔が（こちらと）ひどく似ているので、何の違和感もない。

五時四十七分、彼等のうちの一人が立って行って、発便案内のモニター画面を見る。そして見

終えると、その先方へと歩いて行く。

同五十分、私もその画面を見るべく、そちらへ行こうとすると、そのちょうど前辺にある先程の女の係員が居るカウンターで変化がある。彼女がカウンター上の標示板挿入れ口に当該板を入れだしている。それを確認すると、

“DRUK AIR”

彼女が確かにその担当の係員だったのだ。

六時には少し早いが、手続きをしてくれるようだ。ちょうどその時ブータン人の男の一人も戻って来ていて、お互い順番を譲り合う。こちらは現実にはその航空券のコピーを腹ベルト内に入れていて、その男にそれを取り出す処を見られたくない為に、譲ったのだが。

一旦ベンチのリュックの処へ行って、二人から離れた処で腹ベルトからそのコピーを取り出す。それから彼等の後ろに並ぶ。まだ他のどのカウンターも開いていない。係員すら少し離れた処に二人居るだけだ。何も焦ることはない。

ブータン人二人の手続きは四分して済む。どのようなことが話し合われていたのかは知らない。

次にこちらの番が来て、T社で渡されたコピーを提示する。相手の女の人はそれを見て、処理してくれる。机上の電話を取り、どこやらへと掛ける。そしてこちらの名前を相手に伝える。

『この進展は良い方向なのかも知れない』

と思う。ただ、この流れこそが自然なのだとも。

「バンコクにはいつ来ましたか?」

「昨日です」

「どの便で?」

「全日空の九一五便です」

「それですね。解りました」

彼女はカウンター内の、机上のコンピュータのキーボードを弾いている。そして、

「少し待って下さい。航空券が運ばれて来ますから」

それを聞いて、ホッとする。何とか出国せずともチェックインできることを知る。

再び脇の、ブータン人の居る椅子に戻って、坐って待つ。

どうやら、〝ドゥルック・エア〟もトランスファー・カウンターで乗り継ぎ手続きができるようだ。それが、〝二十四時間以内のスタンプ〟の廃止、に連動してのものなのかは判然としないが、とにかくトランスファーという形で事が運ぶことを知る。確かにベンチ上《うえ》の壁面には、他の多くの航空会社のマークと共に、〝DRUK AIR〟のそれもあるが——同社もエージェントされているると書かれてはいるが。

日本出国時からあった一つの気懸り事から解放される。

十分程待つと一人の男が航空券を携えて、そのカウンターにやって来る。カウンター内の女の

係員と一言二言交わして、それを彼女に渡す。

そして数分後、彼女はこちらの方向に顔を向ける。隣に坐るブータン人二人が先にカウンターに行く。彼等が終わったあと、私がそちらに向かう。

「席は窓側がいいですか、それとも通路側？」

「どのような席の並び方ですか？　二人掛け、それとも三人掛け？」

「通路を挟んで三人掛けになっています」

少し考えて、

「窓側をお願いします」

こちらの返事に、彼女は、「7A」という席を与えてくれる。

「七時十分までに、このフロア奥の方のゲート1に行って下さい」

「分かりました。ありがとうございます」

ブータンへの搭乗券と、ブータンからの戻りのバンコクまでの航空券を手にして六時十九分、カウンターを離れる。まだ誰もこのトランスファー辺には居ない。

横に長く並ぶイミグレーションの審査台を左に見て、ゲート1方向へと進んで行く。

少し行くとこちらがしたトランスファー・スペースより、もっと断然広い同様のスペースに出る。ここは四〜五社分のスペースを一辺にして、四角形にカウンターが設置されていて、トランスファーに関してはこちらがメインスペースのようだ。当然にこちらの方に大勢の人間が居る。

『あっちでやって正解だな』

ここでは何となく忙《せわ》しなく感じられる。

そこを通って、ゲート1の階段を確認して、再びイミグレーション方向に戻って来る。まだ入国する者の姿もそれ程多くない。こちらはその通路に面してあるベンチに坐って三十分程、時を潰す。こんな風な一人の時間が私の旅行には多い。


指示された七時十分より前にはゲート1に居る。

そして七時二十分、搭乗への扉が開く。ここからはバスに乗って、機まで行くようだ。

しかしバスはなかなか出ない。七時を三十分過ぎても出ない。その頃になって、やって来る客も居るからだ。

バスは同四十分にやっと扉口を離れる。

そして四分走って、ドゥルック・エアの駐機する処に着く。早速搭乗する。

7Aはちょうどエンジンを下げた翼の処だ。眺めは望めない。しかしどうやらブータンへは着けそうだ。やっと今夏の旅行が始まる。

ドゥルック・エアは定刻より四十三分遅れて、八時三十三分、バンコクを離陸した。

ブータン

西部ブータン

PARO《パロ》→THIMPHU《ティンプー》

二〇〇〇年八月六日、日曜日。

この便がカルカッタ経由であることをそこに着くまで知らない。いやブータン経由カルカッタ行きなのか、とも考えていた。モニター画面の限りでは〝カルカッタ行き〟となっていたから、最終地がカルカッタなのか、とも思っていたからだ。

タイ時刻午前十時五十六分に、その空港に着陸する。降機したのは僅かに十人程だ。残りの六十人前後の客はブータンまで行くようだ。

同機は同十一時三十三分に離陸する。大して時間を取られなくて良かった。カルカッタにはちょうど二十年前（一九八〇年）に来て以来だ。空港に着陸しただけだが、ちょっとした感傷《おもい》がある。たぶん降機してその町に立てば、二十年前の混沌がそのまま現前されるのだろう。いつかまた一度訪れなければならない土地……。

バンコクからカルカッタまでの飛行中、食事が出た。そしてカルカッタからのフライトでもサンドイッチだが、食事が出る。一時間弱の飛行の割には心配りがある。それに、ブータンの民族衣装、〝キラ〟を着た若いスチュワーデスよりビールも提供されて。歴史の浅い航空会社にしてはサービスは良い方だろう。

高度のある山々である故に、これまでのどの飛行より窓外眼下に、間近な緑の山脈《やまなみ》を数十分見続ける。

そして午後十二時二十八分、パロ空港に無事着陸する。当地時刻は一時間戻した午前十一時二十八分である。

機を降りると歩いて空港建物まで行く。バンコクともカルカッタとも違う光景。人々の多くがカメラを出して写している。こちらもそれを取り出して写す。何とも暢びりとした光景だ。

建物内に入るとすぐにイミグレーションがあり、二カ所の窓口が開かれていて、入国の為の書類さえ整っていれば、比較的スムーズに手続きは運ばれる。一カ所に四～五人の係官が居て、流れ作業式に処理されている。

パロ空港。バンコクからのドゥルック・エア機

同空港，駐機場よりターミナルビルを

こちらの番が来て、パスポートとビザ申請用紙、ビザ発給許可書、及び機内で書いた入国カードを提出する。二十米ドルも同時に徴収される。

並んで待っていた時間を含めて、十五分でそこを抜ける。ピッタリ出国のフライトの日までの滞在となっている。新たに捺されたこの国への入国を印すスタンプのそこには、そう手書きで記されている。それ以上はここでは認められない。

次に隣室の、荷物が流れて来るターンテーブルへ。しかし私はそれがないので——たぶん降機客の中では最初に税関を通過するのであろう——、まだ誰も進んでいない反対方向の扉の処へ行き、係官に税関申告書を示し、彼のサインを貰って、そこを抜ける。一分もかかっていない。

到着ロビーに出る。当地時刻十一時五十六分。しかしそこに行ってもこちらを呼ぶ者は居ないし、当地の旅行社のボードを持つ者も居ない——他の社名のボードを持つ男達の姿はいくつか見えたが——。仕方なく一旦通過した税関との境こちら側にあるインフォメーションに戻って、問う。

「ETHO《エト》 METHO《メト》社の者は居ないですか?」

相手は、

「外に車が止まっている」

それを聞いて、そちらへ行こうと歩を進めた時、

「ミスター、スズキ?」

空港前で，ナワング（右）とクンサング

と問い掛けられる。

「はい」

「私はエトメト社のガイドの者です」

その男が現れて、ちょっと安心する。握手をして、

「私は NGAWANG《ナワング》 といいます」

「よろしくお願いします」

「荷物はこれだけですか？　他には？」

「いえ、これだけです」

リュックとショルダーバッグ（カメラバッグ）を示す。

「では早速行きましょう」

建物外に出ると、幾台もの車の駐まる中、一台のトヨタのハイエースに導かれる。車体には“ETHO METHO TOUR & TREK”と書かれている。そこで運転手（KUENZANG《クンサング》という）にも紹介される。こちらはまず近しさを伝える為に、「二人の写真を撮りたい」と言い、了解を得て、撮らせてもらう。相手にこちらの対応の一端を知ってもらう為の行動だ。

十一時五十八分、空港を離れる。ガイドのナワングは、

「まず昼食を摂ります」

こちらは既に機内で二回食べているので、大して空腹でもなかったが、これも代金に含まれているので断らない。それにブータン料理を知る為にもいい。

空港敷地を出て一分走ると、車は右折し、三十メートル程の銀色に塗られた鉄製の橋を渡る。

「もし関心興味のある処を見つけたら、いつでも言って下さい。停車しますから。写真もビデオも撮ることはできます」

「解りました。ありがとう」

「今は夏ですので、この辺りでは多くの米が収穫されます」

他にもナワングは流暢な英語で道すがらに見える光景の説明、またこちらの質問に答えてくれていた。

空港から十五分走ると、人口八千人というパロの町中に着き、メインストリートに面した、「エバー・グリーン」レストラン——二階にある——で昼食を摂る。

しかし大して食べられない。それでも一通りのメニューは出される。

日本人の口に合うかも知れない。その第一は主食が米だからだ。あとは副食《おかず》が四～五品も一度にテーブルに出されて、これも日本と似ているからだ。

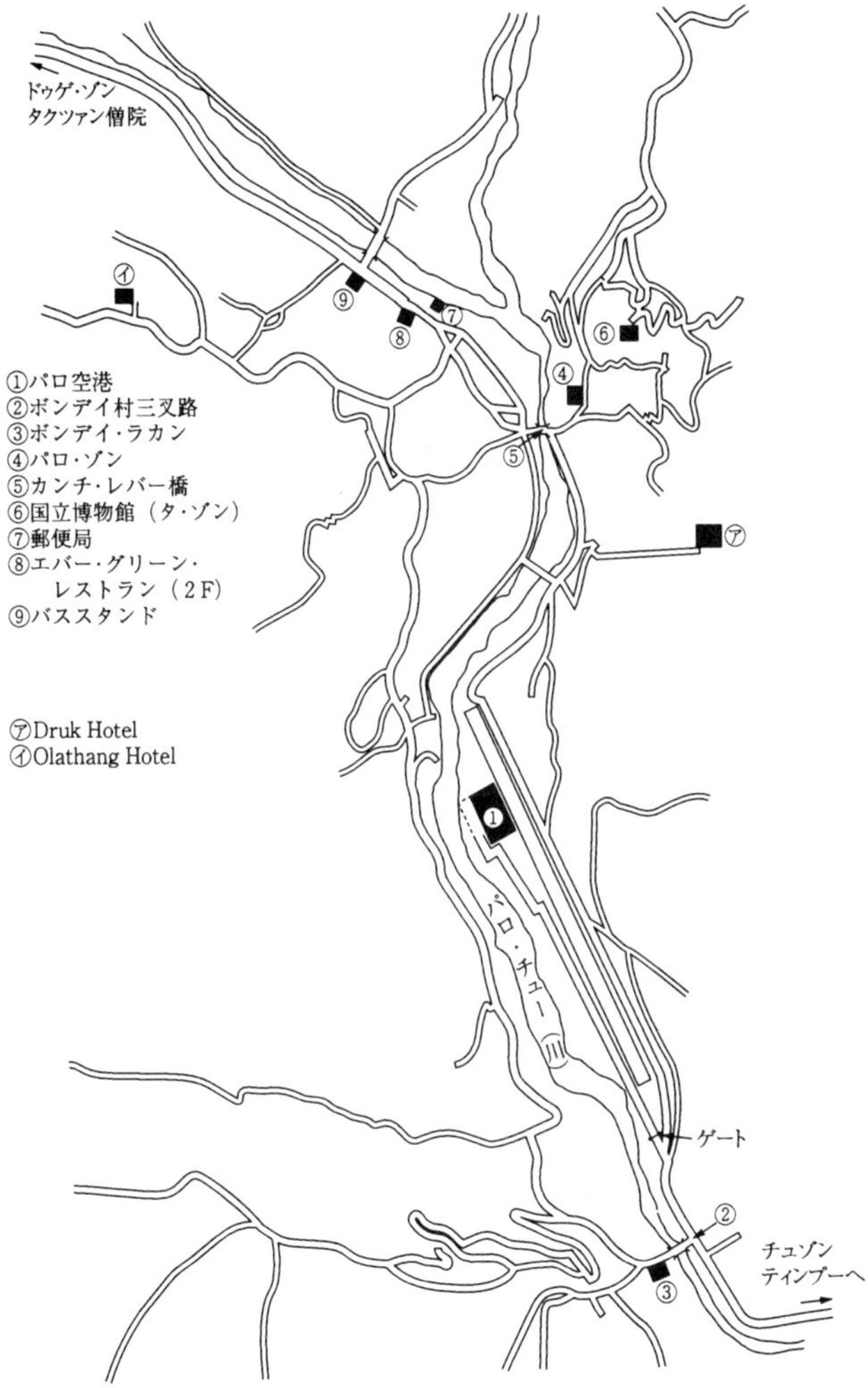
ドゥゲ・ゾン
タクツァン僧院
①パロ空港
②ボンデイ村三叉路
③ボンデイ・ラカン
④パロ・ゾン
⑤カンチ・レバー橋
⑥国立博物館（タ・ゾン）
⑦郵便局
⑧エバー・グリーン・
レストラン（2F）
⑨バススタンド
㋐Druk Hotel
㋑Olathang Hotel
パロ・チュー
ゲート
チュゾン
ティンプーへ

パロとボンデイ

国立博物館（タ・ゾン）

午後一時にそこを出て、同十二分にパロの町中を見降ろせる高台に建つ国立博物館へ行く。同館《これ》はもともとはパロ川を見降ろして建つパロ・ゾン（ゾン＝Dzongとは、城塞、要塞の意）の向背を守る望楼として建てられたものであり、建物自体は「タ・ゾン」と言われている。

博物館は地下一階から地上六階の七層造りとなっていて、入口は四階に当たっている。そこからナワングと共に入る。受付には誰も居ない。ナワングが声を掛けると奥から館員が現れて、展示室への扉は開かれた。内に客の姿はない。

階段を昇って、五階、六階と見学してゆく。外に面した壁に穿《うが》たれた穴が成程、敵を見つける望楼だ、と実感させてくれる。ぐるりと一周まわれる回廊となっている。

六階から一層一層下って行く。木の階段がいかにもこの国らしく、心地よい。

同博物館より，眼下のパロ・ゾンを望む

宗教的なものから日常生活品まで、あるいは動物の剝製も陳列されていて、じっくり見れば数時間はかかるだろうが、午後二時前には地下一階の出口から外に出ている。

そこには大きなマニ車があり、それの守り人のような初老の男が居る。外国人客から何がしかのお布施を期待している者のようだ。

ここからもパロ・ゾンを眺めて、そして回されて来ていた車に乗り込む。

運転手のクンサングはひどく仕事熱心な男のようだ。まだ大して会話していないが、その態度からそのことが知られた。

次は DRUGYEL《ドゥゲ》 Dzong と言って、パロから北西へ十五km程、車の通れる道路が尽きる処にある小村へ行く。そこからはいくつかのトレッキング道が延びていて、山塊を越えると、インド、あるいは中国へと続くと言う。ガイドのナ

Drugyel ゾン村，車道の行き止まり辺

ワングは幾度も旅行客を連れて、そのチョモラリ・トレックを歩いたと言う。

その小村の車道のどんづまりでUターンして戻る。そこには十分程居ただけだ。

約二十五分後の三時十一分、パロの町中に戻り着く。先程食事をしたレストランを右手に見て、そこを通過する。日曜日故、「普段より人出も多い」という町中を外れて数分、左手パロ川越しに、先程着いた空港が見えて来る。

「この道路脇に植わるのはリンゴの木。この時期、沢山のそれが穫れる」

ナワングが説明してくれる。

同二十二分、空港からの道との合流村、BONDEY《ボンデイ》に着き、銀色の箱形の鉄製の橋を渡って右に折れて行く。左に行けば空港だ。

同五十三分、パロ川とティンプー川の合流地点、CHHUZON《チュゾン》に着く。眼下川辺にブータン

CHHUZON 合流地点，川辺に建つ三つのチョルテン

同上，三叉路。前方，ゲートの向こうはインド方面へ

様、チベット様、ネパール様の三つのチョルテン（仏塔）の建つのが見える。ここは交通の要衝であるだけに検問処がある。

各車両が止まってゆく。その間を利用して辺りの光景をカメラに収める。橋を渡って右方向へ行けば、インドへ通じる。

午後四時ちょうど、そこを発って、ティンプーへと向かう。

いくつもの小村を右に左に見て進む。SIMTOKHA《シムトカ》の三叉路を通って同市内に入ったのは同五十分。そして宿泊ホテルである"TAKTSANG《タクツァン》"には同五十七分に着く。結構ハードな動きをしている。

ナワングに夕食の時刻を聞き、また明朝の予定を聞いて、自由となる。

ブータン通貨を持っていないので、ホテルのフロントの男と両替する。一米ドルが四十三・六〇ヌルタムと言う。四十米ドルで千七百七十四ヌルタムになる。

早速、隣にある雑貨店で絵ハガキを購入する。切手もあるので同時に求める。日本までは二十ヌルタムと言う。二十通分を買っておく。

長い一日が終わろうとしている。やっとベッドの上で眠れる。

ホテルではいい具合にシャワーから湯が出る。確実に出るものとは予想していなかっただけに、これは嬉しい誤算だった。

夕食は約束通り、七時半から一階の――部屋は二階の三二三号室――レストランで頂く。ナワングも運転手のクンサングも居ない。彼等はこの町に住んでいるので、それぞれの家に戻っている。

一人でする食事。しかし大して食べられない。疲れからか、いやたぶん睡眠不足からだろう。体調は芳《かんば》しくないようだ。但し、ブータン料理の味は満喫している。

ブータン初日が暮れてゆく。

《パロ→ティンプー、車の走行距離（含む観光、以下同じ）、**百五十五km》**

首都、ティンプー

翌朝、部屋の窓のカーテンを開け、外を見つめる。“PELING HOTEL”から名前の変わった“DRUK-YUL HOTEL”と、「スイス・ベーカリー」が見え、別の窓からは小さな階段と共に、「ラナムス・レストラン」の入るビルや、「89ホテル」が見える。悠《ゆ》ったりとした人々の動きがある。どこからも高い音は聞こえては来ない。

この国の首都のほぼ中心に位置するここでも、車の走る音も、またまばらにしか聞こえて来ない。ただ下を行く人々の話し声がいくらかあるだけだ。

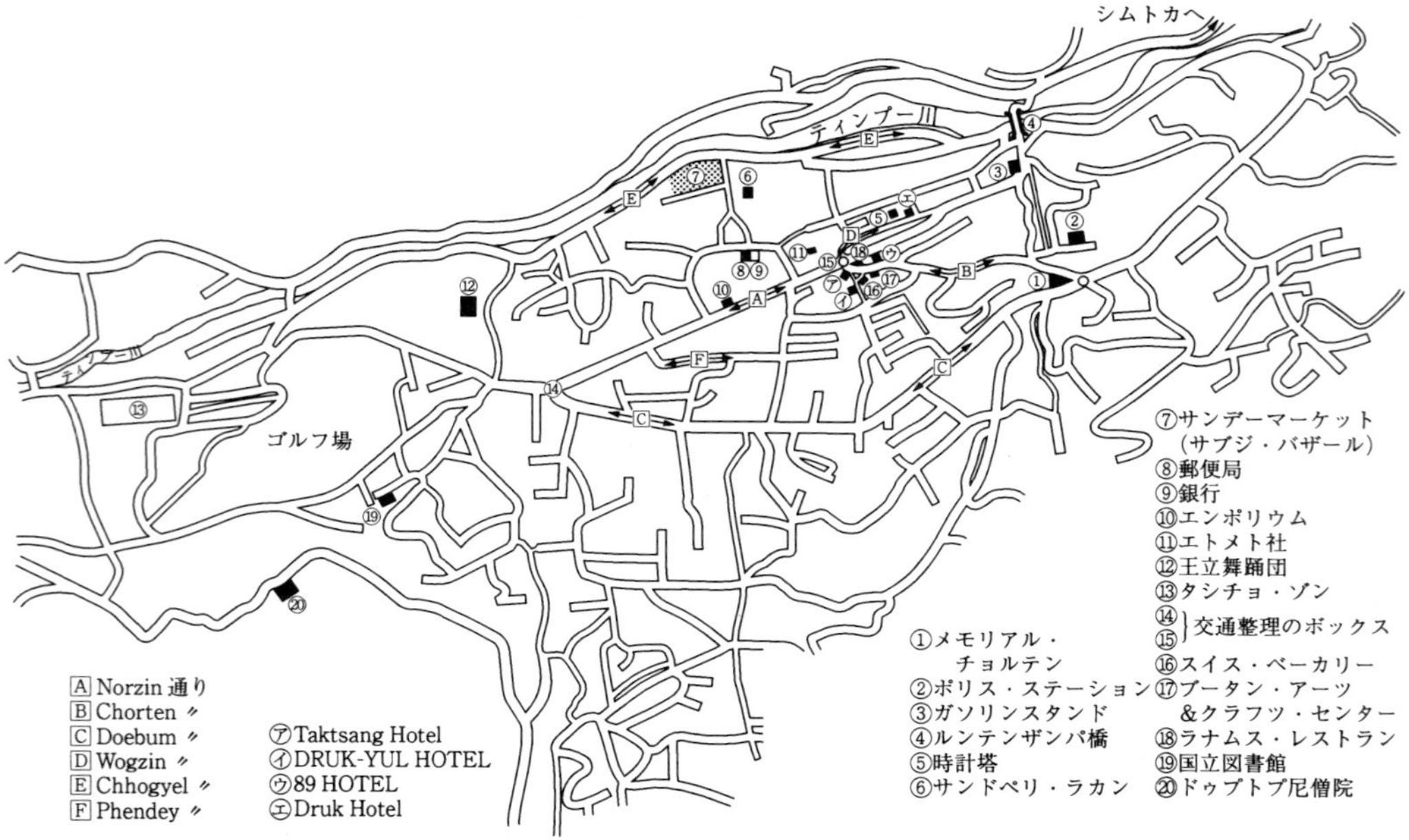
シムトカへ
ティンプー川
ティンプー川
ゴルフ場
A Norzin 通り
B Chorten 〃
C Doebum 〃
D Wogzin 〃
E Chhogyel 〃
F Phendey 〃
㋐Taktsang Hotel
㋑DRUK-YUL HOTEL
㋒89 HOTEL
㋓Druk Hotel
①メモリアル・チョルテン
②ポリス・ステーション
③ガソリンスタンド
④ルンテンザンパ橋
⑤時計塔
⑥サンドペリ・ラカン
⑦サンデーマーケット（サブジ・バザール）
⑧郵便局
⑨銀行
⑩エンポリウム
⑪エトメト社
⑫王立舞踊団
⑬タシチョ・ゾン
⑭⑮｝交通整理のボックス
⑯スイス・ベーカリー
⑰ブータン・アーツ &クラフツ・センター
⑱ラナムス・レストラン
⑲国立図書館
⑳ドゥプトプ尼僧院

ティンプー市内図

晴れている。〟清澄な空気〟、といった表現が当たっていると思う。標高二千三百余メートルの青空は、正に白雲とのコントラストで、空《スカイ》の「青《ブルー》」である。

朝食を、昨夜夕食を摂った階下のレストランで摂る。専門のウェイターが、こちらが席に着くとやって来て、メニューを見せる。しかしこちらは何を選ぶということもない。代金を既に支払っている旅行だ。出されたものを食するだけである。

しかしウェイターはこちらの指定するのを待っている。

英語のメニューだが、三つから選ぶようになっていて、だが私には何が違うのか判らない。というよりじっくり読んでいるのが面倒臭くて、一番上に書かれているものを指差す――これは後で判ったことだが、主に玉子の形態を訊いているのだ。つまり、「オムレツ」か、「目玉焼」か、「スクランブル」か、あるいは、「ゆで玉子」かという。あとパンも、トーストか、パンケーキか、と問うていることもある。

紅茶にミルクを入れたものを飲み物として、七時四十五分から、十五分程で済まして、部屋へと戻る。特別食事に希望はないので、それがヨーロッパ式の朝食であろうが、問題ない。

八時二十五分に階下のフロントに降りて行くと、ナワングが来ている。八時三十分との約束である。時間に正確なのは嬉しいことだ。

八時三十分、昨日と同じハイエース――これは、この旅行の終了まで同道した――の後部席に坐って出発する。運転手も昨日のクンサングだ。この私にはこの二人が最終日まで一緒するよう

メモリアル・チョルテン

だ。

　三分後、「メモリアル・チョルテン」に着き、下車して見物する。小さな首都《まち》とは言え、主要道路の中の一つの通り上の脇のコーナーにそれは建ち、この町に入って来たら必ず目にする仏塔である――それもその筈で、前国王が生前発願して、死去後にも引き継がれて完成（一九七四年）されたものという。この国でも重要な仏塔の一つのようだ――。この仏塔の形は私に北インド、そしてネパールを思い出させた。

　六分後、発。

　道を西方向にとり、左へと途中から登り道を行く。

　そして八分後、「ドゥプトプ尼僧院」に着く。ナワングはここを、「ナナリィ」と呼んでいる。

メモリアル・チョルテンのマニ車

ここからの、「タシチョ・ゾン」の眺めは確かにいい。下車して少しその周辺を歩いて見物する。日本の国内ツアーとは違って、バスの車窓からのみの見物というのはなく、見物箇所に着いたら必ず下車している。それだけの時間が設定されている。これは嬉しいことだ。客の側で下車することを断らない限り、ガイドは下車を促して、案内してくれる。

その建物内には入らず、外側からだけ眺める。この旅行にはカメラとビデオカメラを持って来ているので、それらで記録に収めてゆく。

尼僧院でも僧院でも、あるいはゾンとかLHAKHANG《ラカン》（寺院）とか呼ばれる、仏について学ぶ施設にはほぼすべてに、そこで生活する為の宿泊施設も備えられていて、修行する者達は、文字通り寝食を共にする生活を送っている。しかしここでは今は人影はない。

ナナリィの高台よりタシチョ・ゾンを望む

ドゥプトプ尼僧院とその宿舎（左上）

国立図書館

十二分後、出発。

次に訪れたのは、丘を下ってゴルフ場前の道を右に入って少し行った処にある、「国立図書館」。「ナナリィ」からは六分で着いている。

入口を入ると書棚に多くの書籍が並べられている。しかし当然、日本の図書館とはいくらか雰囲気を異にする。初代からの国王の写真が各柱の上部に掲げられている。現国王は四代目で、従って四人の彼等の写真がある。また黄色の僧衣をまとった大僧正たちの写真も同様に掲げられている。

一つ上の階に上がる。長方形の仏典がいくつも書棚に乗せられている。それは色とりどりの布に巻かれて置かれている。ブータンの文字（ゾンカ）が読めれば、興味を惹くものもあるのだろうが、通り一遍の見物をしてそこをあとにする。九時二十分発。

町中心に戻って行く。こちらの希望で、郵便局に行ってもらう。昨夜書いた絵ハガキを投函する為に。

公の建物故、人の出入りはあるが、それでも閑散としたものだ。すべてが悠ったりとして流れている。局内をカメラに収めることを問うと、

「問題ない。どうぞ」

全くもって人々は好意的である。

四分後発。車に乗るとナワングが、

「とてもラッキーです。これからチャムが見られます」

「何ですか、それは？」

「マスク・ダンス（仮面舞踊）です」

この国の観光の一つの大きな目玉である民族舞踊である。それが見られると言う。この八月という時季は、公の行事としては、それは行なわれない月なのだ。従って、他国では夏休《バカンス》みと

郵便局の内部景

言って観光のピークシーズンなのだが、この国ではシーズンオフで――その〝目玉〟が行なわれない時期なので――、ほとんど大きな団体旅行客は来ないのだ。ツアーそのものの数も最も少ない月のようだ。今回のこちらの旅行日程表にもその見学は入っていない。

ところがこの日、他の十人程の団体が三つあって、それで特別にそれが催されることになったという。三十人余の客があれば、頼めば舞ってくれるようだ。勿論それは有料で、当地の旅行社がプロの彼等に依頼してのことだったが。

団体ツアーとは日本と台湾からのものだった。

「中国からは来ないが、台湾からのツアーは多い」

とナワングは語る。


九時四十五分から十時三十五分までの、五十分間行なわれる。

角のある動物の仮面を被って、水色の衣装（下はまるでフレア・スカート様）を着けて、右手には小剣を模した（?）棒を持っての、四人での舞いから始まる。

次に男女六人ずつの舞い。女性はキラに赤い上着（テゴ）をまとい、男性はゴに、黄色の幅の狭い模様入りのカムニを両肩からタスキがけに下げて、腕や手首を優雅にやさしく動かし、また身体全体もしなやかにして踊る。

伴奏は、チベット風バンジョー（ダムニェン）と横笛（スーリム）と楊琴（ヤンチ）で、そして

上半身裸のマスク・ダンス

男女それぞれ一名が、伴奏者達の横に立って唱う。

四分程で終わると、彼等全員が幕の後方に消える。

次にリム（シンバル）の強い響きと共に、八人によるマスク・ダンスが始まる。上半身裸で黄色を最外側にしたフレア・スカート様の衣装を着けて、躍動感溢れた踊りを披露する。やはり右手には小剣を模した棒を持っている。

次は六人の若い女性（高校生位）による歌（民謡）。無伴奏で、彼女等の歌声だけが、広い舞踊場に響く。歌いながら、やはり優雅に踊る。田植えの光景のような仕草が入る。三分程で終わる。

再び伴奏者が現れる。リムとドゥン（チベットホルン）を奏でる人たちだ。リムは一人で、ドゥンは二人が担当する。そのドゥンの二器か

ンガを持って踊る八人のマスクダンサー

らの重い響きがこちらにも荘厳に伝わる。

その音に合わせて、幕間から再び仮面を被った八人が出てくる。今度は手にンガという大太鼓を持って。曲がったバチでもってそれを踊りながら打つ。下半身は黄色の衣装。しかし今回は上半身は裸ではない。赤や青の煌《きらび》やかなそれをまとっている。六分間踊っている。

次に先程の男性四人、女性一人の伴奏者が現れる。ダムニェンとスーリムと西洋のボンゴのような太鼓とキーボードを、それぞれ男性が奏で、女性はカスタネットのような小さな楽器を持っている。幕間からは男女二人ずつが現れる。男性の衣装はこれまでと明らかに違う。暗いレンガ色の上下だ。ゴでなくズボンである。そして上着のシャツの上に黒っぽいベストを着ている。女性もキラとは違う着物を身に付けている。男性も髪を隠すようにスカーフを被っている。男性もまた黒いチベット帽を被っている。正しくこの踊りはチベットの民族踊りのようだ。やはり田植えの様子を表わしたものなのかも知れない。五分程で終わる。

次は再びリムの伴奏だけでの八人によるマスク・ダンス。いやマスクは被っていない。衣装のみが先程のマスク・ダンスの時のものだ。彼等はマスクの代わりに、五角形の飾りを全体に付けた鉢巻きをしている。激しくジャンプするのは仮面をつけている時と同じだ。

六分程、舞っている。手にはカタカタと音を出す、中央のくびれた小さな太鼓（ダマル）を持って。これに似たものが――玩具の楽器が――、日本にもあったと思う。

次に先程、男女六人ずつの優雅でたおやかな舞いを披露してくれた人たちが出て来る。しかし今回は男性五人、女性四人とその人数は少し減っている。先程は主に男女が向かい合ってのタテの形だったが、今回は男女が交互になって、輪になってしなやかに、そしてやはりたおやかに舞う。着いている衣装は先程と同じだ。五分程で終わる。

これですべての上演目は済む。歌や舞いもそうだが、それらに合わせての民族楽器から奏でられる音楽にも満足させられる。特に、「ドゥン」と呼ばれるチベット・ホルンの重い響きと、「リム」と呼ばれるシンバルの金属的な音は印象深いものがあった。春秋冬に催される、「ツェチュ」――仏教を広めた僧達の威光を確認させるための法要――に来て、本物の「チャム」を見れば、もっと印象深いものとなるだろう。しかし今回はそれでも予定外のそれを見られて、幸運と思う。

十時三十七分、その王立舞踊団の建物会場をあとにする。

そこからはこのツアー会社の「エトメト社」に行く。こちらの後日のバンコクへのフライトの予約の再確認をするために。

三分後、中心にある同オフィス前に着く。

日本的に言うなら雑居ビルと言えばいいのか。そのビルの二階に同社のオフィスはある。

ナワングはセカンド・マネージャーの居る部屋に入り、その男にこちらの航空券を渡す。続いて入った私はそのマネージャーと握手し、改めて、

「予約の再確認をしたい」

と伝える。彼ははっきりとは応えないが、その航空券を見つめて、そして頷いた。

航空券はそこに置いたままでオフィスを出る。というのもまだ十日も先の予約であり、もう少し日が近付いてから再確認をすることらしい。航空券を預けたままにすることにいくらかの不安はあるが、まさか無くしはしまいと思い、相手のやり方に従う。この町に戻って来た時に受け取ればいい。

十二分後に同社前を出る。ここから新たに一人の男が乗り込んで来る。

「道悪で車が動けなくなった時、手伝ってくれる人だ」

ナワングは言う。別に後部には座席はいくつも余っているので問題ない。

一旦、宿の「タクツァン・ホテル」に寄り、昼食用の弁当を入手して、午前十一時に出発する。

一路、TRO《ト》NG《ン》SA《サ》を目指す。

体調不良

パロへの三叉路、シムトカには十四分後に着き、右折して行く。後部には私と、エトメト・オフィスから乗り込んだ RINCHEN《リンチェン》という男が居る——後に知ることになるが、彼はインドのブータン大使館で働いていて、休暇を利用して両親の住む MONGAR《モンガル》まで行く処という。

シムトカから二十分後、HONGTSHO の検問処に停車する。道なりに右に曲がった緩い勾配上の左側に、普段も上げられている遮断棒の先に、その建物がある。

このような道路上にある検問処を（これまでの経験から）私はひどく恐れるのだが、ここでは何もしなくてよい。ポリスがその窓からこちらを（車を）見つめようが、何も問われること

HONGTSHO，出入域検問処の建物

ダルシンとルンタのはためくドチュ・ラ

はない。下車して、子ども達の遊ぶのを見たり、ビニール袋に入って道端のテーブルの上に並べられている売り物のリンゴを見たりしながら時を送る。

ここで、外国人が中部東部のブータンに行く為に必要な書類を貰う。ナワングがそれを得て、そしてここでのスタンプを貰って戻って来る。

十二分後、発。

ティンプーの町中の標高は二千三百メートル程だが、そこから徐々に高度が上がっている。

ここからさらに山道を走って行く。

標高三千百メートル程の「ドチュ・ラ」(「ラ」とは峠の意)——木の棒にタテ長く括り付けられた経文旗《ダルシン》、そして木の棒に括り付けられていないがヒモで結ばれて、チョルテンの石壁や、そこの空中に張り渡された色あざやかな旗《ルンタ》のはためく、そこ――には、十一時五十三分に着く。

停車して小休止する。客の私の為にそのような時間を取ってくれている。

峠の休憩所の管理人様の男が、そこにある焼却炉で何やらの香木をくべて燃やしている。吠えたてる犬が数匹、その辺りをウロついている。少々忙《せわ》しない風情。

休憩所の前にある赤く――かなりその色は落ちてしまっているが――塗られた石垣は、「メンダン」と呼ばれて、旅の安全を祈るものという。そうであって欲しいと願いつつ……。

四分後、発。

山道を行く。この辺りから既に体調はおかしくなっている。車の右に左にカーブするのと、道悪から来る上下の振動とによって……。

しかし一番の原因は二日間続けての寝不足によるものと思われる。バンコク空港での一夜は当然、全く熟睡とは程遠いものだったし、昨夜も十一時過ぎまで絵ハガキ書きをしていたので――この国はティンプーを離れると、その分郵便事情は悪くなり、従って出すのならティンプーが一番良いという。国際郵便はパロから飛行機に乗せる訳だが、その為にはパロかティンプーでなければ、どの位遅れるか判然としない。何しろ国内を飛ぶフライトはないのだから（空港はパロのそれ一つのみ）。

十二時三十三分、運転手達のトイレ・タイム。こちらはしかし、座席に坐ったまま動かない。ひどく胸苦しくもある。

三分後、発。車中、景色を見ている余裕もない。どちらかというと、朦朧としている。

午後一時十九分、WANGDI《ウォンディ》 PHODRANG《フォダン》 村への入口の警察検問処に着く。ここでもナワングが先程のこちらの名前の書かれた通行（旅行）許可証の紙片を持って、その建物へと入って行く。

少しすると戻って来る。五分後、発。

出るとすぐに左に鉄橋があり、そちらへと進み、同橋を渡って行く。

六分後、同村に入って、とあるレストランの内庭に車を止めて、昼食となる。

テーブルに着くと私にはティンプーのホテルで作られた弁当が供される。彼等三人はそのレストランのメニューから注文する。それを見て、

「次からはあなた達と同じものを食べるようにしたい」

と申し出る。同道する者が違う食事をするというのは不自然だし、私はそのようなことがひどく嫌いだから。ナワングはそのことを了解してくれる。

三人の注文した料理が出来るまで三十分以上かかり、結局ここに一時間二十分も居る。

午後二時五十分になって出発する。昼食は、私はしかしほとんど食べられずにいる。食欲がないのだ。むしろ気持ち悪さの方が勝って。

暫くすると、もう坐ってもいられなくなり、座席に横になる。車に乗ってこんな状態になるのは久しぶりのことだ。ただ車に酔った、というような単純なものではない。胃も胸も、そして頭もひどく重く、暗い。

五十分後、右手に滝を見るが、それもナワングが言うから見たのであって、全く自分からは景色は見られなくなる。身を座席に沈めて、空《うつ》ろにしているのだから当然のことだが。

四時二十七分、山道で再びトイレ・タイム。三人は下車して、それぞれ少しずつ離れて用を足す。こちらも新鮮な空気を吸う為もあって、外に出る。かなり身体が重い。谷間の向こうの樹林の上方に靄霞《もやがすみ》が眼下に見える。靄霞のいくつもの塊りが眼下に見えるなんて、この国ならではのことだろう（ここがもしかしたら標高三千三百五十メートルの〝ペレ・ラ〟だったのかも知れない）。

六分後、発。

もうこのあとには全く座席に坐っていることはできず、三列目の最後部席に行って、足を伸ばして本格的に横になる。かなり苦しい。嘔吐を催す。

右に左にのカーブ、そして激しい振動で、今にも胃の中のものを戻しそうになる。

そして午後六時二十分、こちらの都合で停車してもらう。我慢も限界だった。

道端に坐り、吐こうとする。しかし生ツバしか出て来ない。いや無理矢理には吐こうとはしていない。頭もひどく痛い。

七分後、発。こちらの顔色を見て、席を助手席に変えてくれる。ここではその好意を素直に受ける。そうした方がいいと思えたからだ。

確かに振動は後部席より少ない。それでも景色は見られない。暗くなっていることもあるが、目を開けていることができないのだ。瞼を上げることがひどくシンドかった。

それでもとにかく時間を遣り過ごし、午後七時九分、トンサの町中に入ったことを知らされる。いくらかホッとする。

二分後、宿の"NORLING《ノーリン》 HOTEL《ホテル》"に着く。車から降りることになって安堵する。すっかり暗くなっている。

扉を入った一階の右脇には狭いが応接スペース（ソファ）があり、それに隣接してこれも小さな受付カウンター――その背後の棚には、ジュース類に混じって、"RED PANDA"というブータンビールも置かれている――がある。一般に言う、ホテルという感じではない。そこだけ見れば安宿と見られても仕方ないが、その先にある食事テーブルは結構なスペース、華美さがある。このテーブルだけ見たら、安い宿ではない。ホテルと安宿の中間といった一階の雰囲気だ。

部屋は入口扉を入って左にある階段を昇った二階の一〇九号室。ベッドに倒れ込む。いやその前にシャワーを浴びている。歯も磨いている。少しでも気分が良くなれば、との思いから……。

夕食は八時半としたが、そしてその時刻に一階の食事処《そこ》に降りて行くが、出された料理の半分も食べられない。胃がそれ等を受け付けない。とにかく今は早く寝るのが一番と思っている。

夕食後、何もせずに、いや出来ずに、ベッドに入る。九時少し過ぎには目を閉じる。この体調不良から逃れる一番の方法は、睡眠を充分に取ることだと解っていたから。まして明朝、七時発とひどく早いのだから、早く寝ないと睡眠時間はかせげない。九時過ぎにはベッドに入っている。

《ティンプー→トンサ、走行距離、二百十五㎞。計三百七十㎞》

中部ブータン

トンサ発

翌朝五時半に起床する。いくらか昨日より具合は良いが、まだ復調したとは言い難い。それでも朝食までの六時半までを外に出て、村中をビデオに収めて歩く。こんな旅行にはこれ位の自分としての実践をしなければならない。ガイドのそばに居ないという。

狭い村中、歩いて見て回っても大した時分はかからない。

六時半までには戻って、その時刻に朝食を摂る。やはりまだ食事は喉を通らない。ほんの少し胃に入れて、それを終える。

六時五十七分、一人宿を出る。ナワング達は少し先に行った処で待っている。というのも、

「朝のトンサの光景をビデオに撮ったら」

と勧められたからだ。先程既にビデオを回していたが、それは数分のことだったので、その言葉に甘えて改めて村中を、ビデオをかかえて歩いてみることにする。

出て、右方向に行く。ポリス検問処の下脇の、いくらかの下り坂を店屋やロッジやホテルに沿って歩く。

トンサ・ゾン

五分程ゆっくり歩いて、アスファルトの舗装道がいくらか登り気味になる辺りで、トンサ・ゾンの黄色の屋根が右下眼下に美しく望める辺りで、引き返す。

戻る途中、左側の一軒の屋内で、三人の女の子が機織りをしているのを、その開いていた窓越しに見る。伝統的な織り機「ティタ」を使って、「マタ」と呼ばれる格子縞の布地を織っている。ラジオ（あるいはテープ？）から流れるブータン音楽を聴きながら、彼女等はその曲を口ずさみながら、手を動かしている。

道に多くの鳩が歩く。早朝だが人々の姿もある。彼等の一日は始まっている。

三叉路に建つ、ティンプーへ二百km、タシガンへ三百五十二kmの標識を見て、見物を終える。

七時十一分、検問処脇の登り坂の先方途中に駐まっていたハイエースは、こちらを乗せると出発する。今日も助手席に坐らせてくれる。ナワングとリンチェンが後部席に居る。

十分走った山道《とこ》で止まる。左側の眼下にあるトンサ・ゾンの眺めが良いと言う。写真を撮る為の停車だ。数枚シャッターを切って、三分後そこを出る。再び山道を登って行く。

村中を離れて少し行くと、牛が道端の草を食《は》む光景に出くわす。いやずっと牛の放牧景はここまでにも続いていたが。ここからは馬の姿も見られる。そしてまた一羽だったが、ニワトリも道を横切る。正しく昔日の人々の生活がここでは見られる。

また道端にはそれら動物ばかりではなく、ポツンポツンと人の姿も見られる。

「インド人、あるいはネパール系の人たちの労働者《レイバー》だ」

ナワングが言う。道路補修の為の、政府から雇われている人たちと言う。

『こんな山中に……』

と思うような、彼等以外誰も居ないような道端で、時に側溝の泥を掬い、時に水を流すための溝を掘り、時に石を動かし嵌めて側壁を造っている。

少し走ると確かに、村とは違った処にいくらか現代風の造りの家々が、時に三〜四棟、あるいはそれ以上建っているのを見る。

「あれが先程のレイバー達の家だ」

ナワングが教えてくれる。

八時五分頃に急に凹凸道が終わり、アスファルトの続く良い道となる。その改修工事をし始め

ヨートン・ラに建つチョルテン

てまだ間もないようだが。

そのような道が続いて八時十九分、道脇にチョルテンの建つYOTONG LA《ヨートン・ラ》（峠＝一一六三五フィートと記されている）に達する。

下車して休憩。旅行者のこちらは景色――この峠にもダルシンとルンタがチョルテンを囲むように、あるいは頂上付近の道路の両側に立ち、巻かれ、はためいている――を眺め、シャッターを切る。他の三人はトイレをしたり、タバコを吸ったり――車内では吸っていない――、やはり景色を眺めたりしている。

こちらの体調は昨日に比べれば良いが、しかしまだとても完調とは言い難い。もう一日充分な睡眠を取らないと無理なようだ。その睡眠不足と、それに加えて高度変化による影響からこのようなことが、あるいは起こっているのか、とも考え始めている――そのことがあるかも知れないと、この時初めて気付かされる。その高度変化に対する非順応があるかも知れないと。
——バンコクから一気に標高二千三百メートル余のパロに着き、そこよりさらにいくらか高地のティンプーに宿泊し、翌日にはもっと高度を上げて移動して来たから。そのようなことは全く予期していなかったが——この位の高度なら、〝高山病〟などとは無縁と思っていたので——、しかし結果としてこれ程の体調不良となると、睡眠不足だけではないような気がして来ている。

注《このヨートン・ラはガイドブックでは三千三百メートルとなっているが、フィート（一一六三五）からメートルに換算すると、三千五百四十六メートルとなる。どちらが正しいのか。
他にもこのような、本による標高の差異は見受けられる。従ってこれまでに表記したもの、そしてこれから記してゆく数値も絶対的なものではないことを断っておく》

八時三十六分、発。ここまでにも対向の車はなく、また抜いたり抜かれたりする車もない。雨季の今、旅行者が来ることも少ないのだろう。

八分後、BONG《ボング》橋を渡る。そして十二～三分走った処で、

「BUMTHANG《ブムタン》に入った」

とナワングが教えてくれる。ブムタンは、それは町名ではなく、エリア名。日本的に言えば広義では東北地方、関東地方、という場合の「地方」に当たるものであり、狭義では、何々県という県名に当たるものである。従ってブムタンに入ったからと言って、宿泊村がもうすぐ、という

のではない。そこまでにはまだかなりの距離を走らなければならない。いや今日はこのブムタンには泊まらない。通過して行くだけだ。

九時四十一分、そのブムタン域の中の一つの、比較的大きな村、CHAMKHAR《チャムカル》のガソリンスタンドに到着する。燃料を入れる。

二十分以上の停車だが、こちらはほとんど動くこともせず、じっとしている。いや、楽な姿勢でいる。胃が、胸が苦しい。助手席に坐っていても吐き気を催すことがある。朝食だって大して食べていないのだが。他の三人は当然に普段通りである。こちら一人が、顔を青白くしている。

十時七分、ガソリンスタンドを発つ。チャムカルの二百メートル程のメインストリート――右側に郵便局や銀行などがある――を行くと、チャムカル川に架かる十五メートル程の橋に達し、それを渡ると、そのT字路を右に折れて行く。

同二十三分、タン・チュー――「チュー」とは「川」の意――に架かる橋を渡る。どこでもそうだが、比較的ちゃんとした橋のある地点は、山と山の谷間ということで高度が下がっていることを意味する。つまり橋を渡るということは、そこから再び高度が上がって行くことでもある。右に左に折れて、揺れて、こちらの体調は良くならない。景色も目に入って来ない。いや目を閉じていることの方が多い。

十一時二十一分、SHULE LA《シュレ・ラ》（峠）辺で運転手達のトイレ・タイム。私は席に坐ったままだ。とにかく助手席の背もたれに身をあずけて目を閉じている。

同三十二分、発。

同四十分、眼下にURA《ウラ》村の家並を望む。車は止まって、こちらの為に写真を撮らせてくれる。聊《いささ》か朦朧とした意識の中で、それでもシャッターを切る。折角来たのだから、良い被写体（素敵な光景）ならそれを残さぬ理由はない。

五分後、発。

七分後、小橋を渡る。そしてそれから助手席で眠ってしまう。いやもうそのことすら忘れて、目を閉じている。気持ち悪さは続いている。

雨季移動行

一時間半後の午後一時三十一分、車は埋まる。車輪をとられて動けない。

「THRUMSHING《トムシン》 LA《ラ》（峠）」

と言う。この旅行における道路での最高地点、

URA村の光景

三千六百五十メートル（三千七百超、と記す本もある）。富士山より僅か百二十メートル程低いだけの峠で、ぬかるみに車は埋まる。峠を示すチョルテンやダルシンが立つそこよりほんの僅か手前のちょっと広い道幅の処で動けなくなる。

実は先行の大型トラックが先に埋まっていたのだ。その車が脱出を試みるのを何度か見ていた。そしてやっと何度目かの走行《トライ》で、何とかそこを脱け出すのを見ていたのだ。クンサングもナワングもリンチェンも、下車してその大型トラックの側に行って、その状況を見つめていた。

その大型トラックがぬかるみを越えたのを確認するとクンサングは戻って来て、車を発進させる。とにかく試みることにする。ぬかるみは車輪《ホイール》の半分位まで埋める程の嵩《かさ》があるが。

やはり数メートル進んだだけで、もう前進は出来なくなる。完全にその厚いぬかるみに前進

トムシン・ラ手前のぬかるみ

トムシン・ラ手前のぬかるみの光景。大型重機を用いて道を馴らす

は阻まれる。バックして元の地点に戻って来る。

ここには多くの道路工事をする男女が居る。このぬかるみを排除する為に動員された者達だ。しかし現実には彼等は、ほとんど何もしようとはしない。大型の機械を用いなければ手の施しようがない程のぬかるみだからだ——大型の重機を用いなければ、馴《な》らすのが不可能な程のぬかるみだ。

ぬかるみに石をくべて、再びトライし、しかしやはり阻まれ、バックする。

このぬかるみは右側の山肌が雨によって崩れたものだ。長さ七〜八十メートル、幅は道一杯、二十数メートルにも亘って出来ている。

道脇に止まっていたキャタピラの大型重機が出動し、そのぬかるみを馴らしても、なかなか脱出できない。

埋まって三十分程のちの二時少し過ぎ、後ろから四輪駆動車（以下、４ＷＤ）のライトバンが来る。実はこの時期、大型トラック以外で走っている普通車はその４ＷＤばかりだ。雨季の今、それでなければ非常に困難・危険であることが解っているからだ。一般車のハイエースでこの行程を走るのは無謀とも言える。しかし現実にはスタートしてしまっている。

まずその４ＷＤがそこを脱けて行く。その全軸駆動車なら、それでも勿論いくらか難渋はしているが、そのぬかるみを止まることなく一回で越えて行く。

そしてその車は先方で待機していてくれる。どうやらクンサングとその運転手との間で話がされていたようだ。

次にこちらの車が再度トライする。いくらか道は工事労働者によって馴らされている。止まってから四十分が経過した午後二時十分、再び自力で進み出す。

そして十メートルも走ると、やはり埋まって動けなくなる。すると先程の４ＷＤがバックして来て、ロープを出し、それを繋ぎ合わせて牽引してくれる。４ＷＤには現地人風（ゴを着ている）二人と、もう一人ちょっと雰囲気の違う中年の男が居る。彼はこのことに特別口を開いていない。

４ＷＤがその能力を一杯に上げて動き出す。ロープがピンと張られて、こちらの車と列《つら》なる。そして４ＷＤがさらにエンジン音を高くしてギアを入れると、こちらの車も少しずつ動き出す。その当初、こちらの車を後部から数人の男達が押している。

ある程度進み、一番のぬかるみを脱出した処で、４ＷＤと共に停車する。その運転手とクンサ

SENGOR村先の草むらでの昼食景

ングが言葉を交わす。４ＷＤはそれを見届けると、走り去って行く。

「モンガルから先にあるKO《コ》RAY《レ》 LA《ラ》（峠）に建つTelecom《テレコム》関係の車」

そして続けて、

「もう一人居た男は日本人技術者だ」

JICAから指導に来ている人と言う。いくらか雰囲気が違っていたことも――民族衣装のゴを着ていなかったこともあったし――頷ける。

とにかくそこを脱出する。午後二時十五分になっている。四十五分程の費消。

トムシン峠の標識辺では従って改めて、停車することはない。それでいい。そのぬかるみは正にそこであったのだから。

峠を越えれば、必然的に下って行く。

十五分後の同三十分、SENGOR《センゴール》村を通過して少し行った右手の草むらに停車し、ランチタイムをとる。

　ぬかるみで四十五分間の停車といっても、こちらの体調は不良のままだ。ランチのごはんもおかずもほとんど食べられない。三人にこちらの分も分けている。三人の食欲は旺盛だ。

　草むらにごはんと各種のおかずを広げ、紙パックのジュースを飲みながら、楽しそうに話し込んでいる。ナワングとクンサングにとっては仕事中だが、食べている時はピクニックの風もある。

ナムリンの滝

リンチェンが居ることで、また違った話題があるようだ。

　三人がそれなりにゆっくり食べ終えた三時十三分、出発する。下り道は続いている。

　舗装道を、そしてまた地肌道を下って行く。

　二十分も走ると、いくつもの滝が山肌を縫って流れているのを見る。

　そして同五十五分、"NAMLING"《ナムリン》の滝に達する。

百三十メートルの落下と言う。雨季である今、その水勢は激しい。

六分間の停車後、出発。

そのような見物箇所に着くとそれなりに下車して眺め、カメラに収めるが、再び走り出すとすぐに目を閉じて、胃と胸の不快さと闘っている。車窓からの光景を味わうということはない。

半ば朦朧とした意識の中で、それでも一時間程のちに、RINMITAN《リンミタン》村に達したことを知る。民家の連なりがいくらかある。止まらずに通過して行く。

さらに十五分走った五時二十八分、KURICHU《クリチュー》（クリ川）に架かる十五メートル程の鉄製の橋を越えて行く。

薄暗くなっている。もうほとんどこちらは夢うつつの中で揺れに身を任せている。体調は尚も最悪に近い。


六時十分、再びいくらか民家が見え出して、そして道を右手にちょっと坂を登ると、町に入ることを意味する門を見る。

その下をくぐるとすぐ前に、家々の連なりがあり、左手にハンドルを少し切った、ちょっと薄汚れたチョルテンの横、民家前に頭《フロント》を前にして停車する。

「モンガルに着いた」

トンサの宿を出てから、ちょうど十一時間後のことである。

『今日は早く寝よう』

と思う。何よりもそれを優先しようと。体調を戻さないと、旅行は無意味なものになる。

目の前の、〝DRUK KUENDEN GUEST HOUSE《ゲストハウス》〟の部屋――同建物の脇階段を上がった二階にある――に入り、荷を置く。

夕食は、「八時三十分」として、シャワーを浴びる。湯は出ないが、それはそれで良い。外観からして、〝ゲストハウス〟であり、ティンプーやトンサの、〝ホテル〟と異なり、おのずとそのようなものは期待できないことを端《はな》から覚っている。電気も来ていないのだから。

「いつもは勿論、電気は通っているが、雨の影響でどこかの送電線が切れてしまったようだ。それで湯も出ない」

ナワングは説明したが、そうであったとしても、この宿の風情はインドやネパール、あるいは中国の辺境にあるもの、といった趣きがあるのだから。

八時三十分から一時間程の夕食を済ますと、早速眠りに就く。明朝は九時出発ということだから、七時に起床しても九時間は眠れる。いくらか睡眠不足は解消されるだろう。

十時前にはロウソクの灯りを頼りにベッドに入っている。

《トンサ→モンガル、走行距離、二百五十㎞。計六百二十㎞》

TRASHIGANG《タシガン》への道①——橋の崩壊・流出

翌朝、予定より早い六時には目覚めている。それでも八時間は眠れたようだ。胃や腸や胸の具合、そして頭の方もスッキリとしている。

『平常に戻ったかな』

と少し思う。ブータンの高度にも慣れたのかも知れない——この村は千六百メートル程にあると言う。

六時五十分、部屋を出て建物脇の外階段を下りて、少し村中を歩いてみる。しかし霧雨というか、晴れてはいないのでカメラを気易く使えない。それに村自体も宿の前から見る範囲では、タシガン方向への百メートルもない間にある家並のみのようだ。その通りから目を転ずれば、家並越しに緑の山々、大地が広がるのみだ。

それでも十五分程を見て過ごす。宿前、チョルテンの横には屋根付きの、比較的大きなマニ車がある。また、宿の一階の入口脇には一メートル四方の板台があり、その上には乾燥目的の肉が並べられてある。軒下に張られたワイヤにも干し肉が垂れ下っている。まだ七時前というのに、

モンガル村に入る門（村側から）

モンガル。宿前からチョルテン，そしてメインストリートを

小さな子ども達が幾人も出ていて、犬も軒下に寝そべっている。長閑な朝の光景。

八時三十分から朝食。これまでよりいくらか食欲が出て来ている。与えられた一人分の量は食べる（昨夕食は半分程の量しか口にしていない）。と言っても、朝はトーストに紅茶と玉子といったものだが。

九時出発の予定だったが、昼食用の弁当が整わずに、出発は同十七分となる。

今日も助手席に坐っている——以後ずっとその席に坐ることになる——。後部席にナワングが居る。

リンチェンとはこの朝、別れる。彼は、今日これから歩いて五時間の処にある家に戻る。両親が暮らすそこで、二週間程を過ごすと言う。ここまで彼はズボンにシャツという姿だったが、この朝にはブータン人の正装の「ゴ」をまとっている。彼は見かけは正に日本人と同じで、ティンプーで最初見た時は、てっきりそうだと思っていた。大使館勤務と言うことだから、この国でもエリートに属するのだろう。

「もしインドに来ることがあったら、連絡下さい」

別れ際にその住所を書いた紙片をくれながら言う。しかし彼の赴任期間は来年までということだから、その実現はちょっと無理なことだった。しかしまた一人、親しく会話できる人と知り合えて良かったと思う。

彼と握手をして、車はモンガルの村を発って行く。

コレ・ラ（峠）の景。ダルシンのはためき

左手を谷側としながら、木立を走ること十三分、ポツンと一軒の民家を左道路端に見る。その前には数人の人が居る。

さらに十分後、二軒の民家をやはり左側に見る。

モンガルの宿を発って、登り続けて約四十分後、KORAY LA《コレ・ラ》に達する。

峠の小さな台地にも白いダルシンのはためきがある。そして道脇には白壁の中に隠れるようにして、マニ車の連なりがある。

ここからこれから下る所謂、「九十九折《つづら》り」の道が展望できる。見た目には普通の山道と何ら変わりなく見えているが……。

八分休んだ十時七分、同峠を発つ。

しかしほんのちょっと走ると、ナワングが、

「Telecom《テレコム》の塔がある」

と言って、こちらの意向に関係なく、そちら

へと左折させる。凹凸の狭い山道を登って行く。

三分でその鉄塔の建つ下に着く。昨日トムシン・ラで道に埋まった時、牽引してくれた４ＷＤがそのコーナーの処に止まっている。

「日本人技術者はこの上の家に居る。定期的に各村落の電気施設を巡回している」

４ＷＤに乗る男は言う。コーナーの、鉄塔とは別の方向に日本人が住まう建物が見える。

Telcomの鉄塔とナワング

ナワングはハイエースを鉄塔へと向かわせる。

その入口にはガードマンのおじさんが居て、そこへの鉄扉を開けてくれる。どうやらティンプーから運んで来たこ宛の荷物があるようだ。確かに、後部席の最後列のシート——体調不良の時に横になった——のその足置きスペースにスーツケースが立てかけられていたのを見ている。当初それはナワングかクンサングの持ち物だと思っていたが、それは違ったようだ。誰かしら、ここに居る友人の荷物らしい。

二つの大型のスーツケースを降ろし、ナワングとクンサングはそのガードマンのおじさんと話す。こちらはここからの眺めをカメラに収める。日本の援助でこの塔も建てられたようだ。結構ブータン人の生活に影響の大きい分野で、日本は開発援助しているようだ。

用件を済ますとクンサングは車をその狭い敷地内でUターンさせ、十時十分、そこを発つ。

少し下ったコーナーに4WDの運転手と助手が所在無げに居る。彼等は日本人の出て来るのを待っているのだ。彼等もこれからタシガンへ行くらしいが、その可否は道路の状況如何と言う。こちらの車は取り敢えずそちらへと進んで行く。

十時二十分、コレ・ラからの本道に出、左折して下って行く。

同四十二分、左谷側に比較的大きな建物を見る。

「モナストリィ」

ナワングは言う。あずき色の、あるいはオレンジ色の僧衣をまとった少年から青年に達する位（十四、五～十七、八歳）の年齢の坊主頭の子たちが居る。学校も兼ねていて、学びそして寝食を共にしているという。このような施設がこの国にはいくつもある。そしてその費用はすべて無料という。

建物の右手、少し行った処には牛の為のプール（池）がある。五分程停車して、出発。

展望処から“九十九折り”を

二十分後、YADI《ヤディ》村を通過する。この辺りにしては大きな集落だ。道路に馬が居て、それを避けて一時停車して、再び走り出す。

三分後、九十九折りの展望処に着く。停車して小休止。こちらはその眺めをカメラに収める。

十一時十七分、発。

そこを過ぎるとはっきりとした下り坂となってゆく。試みに何折れあるか。数えてゆくことにする。自分が山側になって走るか、谷側になって走るかで、「一つ折れ」として数えてゆく。

一つ折れが大体、一～二分で繰り返される。

そして十一時四十二分、十一曲がり（これが最後と、後に知る）して助手席が谷側になって進んで行った左へのコーナーで、いつもならある橋が大雨の影響で流出して、無くなっている。必然的に道もそこで途切れている。

実はその二分前の処でも――コンクリート製

の二十メートル程の橋を越えた先の――道の一部が欠落して、道幅が狭くなっていたのだ。大型車両は通れない程にアスファルト道は川側に崩れて欠損していた。そこにその改修工事をする労働者達が女、子どもも含めると、三～四十人も居て、このことの状況もナワング達には知らされていたのだが……。

『もはやここまでか』

と、私は思う。ついに惧れていた事態が現前されたのだ。雨季の東部ブータンへの移動はかなり難しいと、日本の旅行代理店のKさんは言っていた。そのことが今、現実のものとなったのだ。

今、橋の形は跡形もなく、無くなっている。そこには、ただ休むことのない激しい右手山側からの流れがあるばかりだ。その川幅は僅か七～八メートルだが、全く地肌は見えていない。

橋の崩落・流出現場を見つめる人たち

橋，崩落・流出現場で。作業員達と彼等の乗るトラック

その水辺に達するにも、元あった橋杙《はしぐい》が抉り取られているので、かなり土道《つちみち》の急傾斜を下らなければならない。このことからしても、もはや、

『ここまで』

との表情が、ナワングにもクンサングにも表れている。

しかしこちらの表情を見て、簡単には結論づけない。彼等としてもモンガルを出て、二時間半を走ったばかりだし、このまま引き返しても、午後三時前にはモンガルに着いてしまい、その後の、計画の変更に対しての、その処置にちょっと頭を悩ますことになるかも知れないからだ。今夜もう一泊モンガルに泊まることを余儀なくされるのだ。彼等にとってモンガルの宿はあまり泊まりたくない処のようだ。定かには解らぬが、そんな空気が感じ取れていた。勿論、ナワングが、〝ここまで〟という決断を簡単にしなかった一番の理由は、客であるこちらの気持ちを慮ってのことであったのだが。

ナワングもクンサングも靴、靴下を脱ぎ、車を降りて、水に没して見えぬ地を確かめる為にそこに入って行く。復旧作業をする男達――ここにも二十人近くの彼等が居る――によって、いくつもの石がそこに投入されている。

大型トラックと四輪駆動車は、それなりに苦労はしても通過していた。一旦、車輪を水に沈めて、そして慎重に底石を摑んで対岸へと上がって来ていた。

こちらはただ車から降りて、その光景を、そしてナワングとクンサングの動向を見つめている以外ない。

そこに着いて十五分もすると、正午となる。作業員達は昼食を摂るために中型トラックの荷台に乗って、そこを離れて行く。先程通って来た、コンクリートの橋の手前辺り――少し離れた処の川べりのアスファルトが欠落している――に彼等の仮の小屋がある。そこに戻って行く。

私たちもそこに残っていても埒もなく、

「ランチにしよう」

ナワングの声と共に一旦、そこを離れる。十二時十二分、Uターンして、来た道を戻る。

彼は、

「とても厳しい状況だ。あの中を渡るのはとてもリスキーなことだ」

こちらが、

「じゃ、このまま引き返そう」

と言えば、たぶん来た道をそうしただろう。ずっとモンガルまでを……。しかし、

「ランチを摂ったあと、もう一度行ってみたい。いくらか状態が好転していることを願ってのことだが……」

「……」

ナワングは、〝仕方ない〟という表情をし、小さくそれに頷いた。

タシガンへの道②——橋崩落・流出現場

流出現場より四分戻って、ちょうど一台分の車が止められるスペースがある路肩を見つけ、そこに車を止める。周辺《あたり》を見ると薬や香水の原料になるというレモングラスが植わっている。クンサングが手際良く整えた、宿で作られた弁当を食する。この間、向こう側の山肌を走る車を見る。ここは谷側に面し、タシガン方面から来る車を確認できる場所となっている。橋崩落・流出現場はしかし、右側の凸部の陰になっていて見えない。ただその車がもし私たちの居るここにやって来れば、そこを越えて来たということだ。

こちら側から向かう車もある。どうなるかは、逆に向こう側の山肌の道を見ていれば判る。昼食に費やした一時間余は、不決断の時。何とも言いようのない、スッキリしない時間だった。

ナワングはこちらの決断――中止という――を願っていた時間だし、私はとにかくもう一度、状況を見てみたいと、好転を願っていた時間だった。

クンサングはどうだったのか。彼とてもあの状況の中で進むことを願っていた訳ではない。ただ客としてのこちらを満足させたいという思いはあったと思う。それがナワングともども中止を積極的に進言できなかった理由だと思う。

向こう側の山肌道をこちら方向に走って来たのは、ランチタイムとして休んでいた一時間十分程の間に、大型トラック一台、そして4WDのライトバン一台、それからこの国のタクシーである日本車の軽トラックだった。

前二台が通過して来ることは予想できた。問題は後輪のみの駆動のそのタクシーだった。私たちの車よりさらに小さい。それがもしあの激流の中を渡って来れば、こちらの車の通れる可能性もあることを意味する。〝流されない〟ということではこちらの車の方が上である筈だから。私はだから、その成り行きに注目する。その結果を決断材料にしようと。

逆にこちらからあちらへと、昼食をする私たちの脇を通って向かったのは、大型トラック一台だけだった。車《そ》の代わり、インド人の出稼ぎの男達六人が傍らを歩きながら通って行った。

彼等はモンガルから歩いて来たと言う。ある期間を雇われ、その時が過ぎたので自国《くに》に帰ると言う。荷物はほんの僅かの着換えだけなのか、肩から下げたバッグだけとか、棒の両側に天秤のように荷を吊り下げただけだったりと、それは驚く程、小さく少なかった。

ちょっと見の彼等の年齢幅も広い。白髪の〝初老〟と言っていい感じの男が居たり、三〜四十代の働き盛りといった感じの男も居たり――その年齢層が半数以上だった――、あるいは二十代前半に見える若者――彼はちょっと重そうな荷物を頭上に乗せて歩いていた――も居た。

彼等が通り過ぎる時、ナワングとクンサングが話し掛けている。ヒンズー語ができるのか、あるいはインド人がこのブータンの言葉を出来るのか、定かではないが。部分的に似ている言葉なのかも知れない。陸続きの国々の間では、その交流が頻繁な場合、お互いがお互いの言語を語るようになるのは、何もここに限ったことではない。それに、

「インド映画が沢山入って来るので、自然にその言葉を覚えてしまう」

とナワングが語っていたこともあるし。彼はまた、彼自身は、

「ゾンカとヒンズー語とネパール語と英語を話す」

と語っていたが、同じような人はブータン人の間では珍しいことではないようだ。

確かにこの国にはインド系とネパール系の出稼ぎ人、あるいは半永住している労働者が多く居る。道路工事をする者のほとんどが、その二カ国系の者のようだ。

ブータン人にはそのような仕事に従事する者は居ない、という風にもナワングの口ぶりでは聞こえた。それがブータン人のプライドなのかも知れない――「ブータン人でそんな仕事に就く者は居ない」、彼の口ぶりにはそんな風があった。

因みに、チベットに対しては――ブータン人の多くは、元々はチベットからの移住民であった

が故に——彼等は複雑な思いがあるようだ。かっての戦争の歴史はすべて、彼等との間に起こっているようだから。歴史的に闘った相手に対して多くの思いがあるのも当然と言える。

しかし現在も続いている中国による彼等に対する迫害には、ブータンに逃れて来るチベット人には、援助の手を差し伸べている——彼等がコミュニティを作って一つの村を形成している事実は、事実として受け入れている。

現在にあっては共通の敵とも言える中国に対する思いから、近しい関係を——と言っても元々、文化的にも宗教的にも言語的にも両者は非常に似ているのだが——築いているのかも知れない。

向こう側を走っていた4WDはその二十分後には私たちの脇を通り過ぎて行った。

大型トラックは、来ない。大型トラックの場合、その橋の流出箇所は通れても、その少し先にある、道が欠落している処は通れない。大型車の通れる道幅が無くなってしまっているのだから。従ってそれが来ないのも得心出来た。

問題は軽トラックのタクシーだ。

それを向こう側に見てから、そしてやはり二十分もすると、それは現れて、休むこちら側の脇を通って行った。それを見て、『大丈夫そうだ』と思う。

そのことを二人に言うと、しかしナワングもクンサングも特別言葉を発しない。

こちら側から向こうに向かった大型トラックもやはりそちらには着いていない。同じ理由で、橋の手前で——橋を渡ったすぐの路肩が欠落しているので——ストップさせられているからだ。

午後一時二十七分、ランチを終えて、

「もう一度現場を見てみたい」

と言うこちらの言葉を受けて、そちらへと走り出す。私は、

『ダメでも仕方ない』

との思いも持っている。ただ通る努力を一度はして欲しいと。それをやってみて、ダメなら、得心がゆく。

道を再び下って橋を越え、路肩の欠落した処をギリギリ通り、三十人近い改修作業要員の男女、子ども達を道脇に見て、進んで行く。二度目の道である。

そして六分後の同三十三分、流出現場に着く。男女それぞれ三人と、二人の子どもが居る。ナワングとクンサングは再び靴、靴下を脱ぎ、車を離れてその川辺へと下りて行く。彼等の肚も決まっているようだ。躊躇することなくその水音も激しい、そして流れも激しい水中へと足を入れて行く。水深を確める為に。またその川底の状況を知る為に。

そして自ら川底の石の凹凸を馴らすべく、それを移動変化させる。それを見て、数人の作業員達も川中に入って行って、二人の指示に従って石を動かし始める。その姿を見て、

『どうやらトライだけはしてくれるようだ』

一度はやるだけのことはやってくれる、と確信する。昼食を終えた作業員達も徐々に増え、川

橋の崩落・流出現場，川底の石を馴らすナワング達

辺に集まり出し、そして石運びを手伝ってくれる。

とそこへ、先程向こう側を走って来て、この川を越えたが、先方の橋の手前でストップさせられていた大型トラックが戻って来る。その運転手はこちらのこの難渋を見て、好意的に行動してくれる。

彼は私たちのハイエースの脇を通り過ぎると川辺少し手前でそれを停車させる。そして下車すると、川中に居るナワング達に声を掛ける。

何が話されたのか、正確には判らない。しかしその大型トラックは川中の彼等を退《ど》かすと、先に渡河を試み出す。

そして、大きく川底の凹凸に揺れながらも、激しいエンジン音を轟かせて、そこを脱け出して行く。そしてそれは急傾斜を上がったフラットな処に停車させられる。

運転手は再び下車して来る。どうやらその大型トラックが、こちらの車が渡河の途中で自力では動けなくなった時に、牽引してくれるようだ。先程そのことがナワングと話されて、それで先行したようだ。

この成行《こと》があってはっきりと決まる。ナワングとクンサングに決断がされた。彼等の不決断の部分がその大型トラックの出現によって消され、トライという決断が明然化されたのだ。

「よし、行くよ」

クンサングは言って運転台に乗り込んで来る。ナワングは川中に居る。ハイエースは止められていた道脇から土道の本道上に戻り、そこへと進み出す。そして急傾斜を川に向かって下り出す。ナワングが川中から、そのルートを手で指示する。クンサングは慎重に、慎重に前輪を川中へと進めて行く。かなり前のめりとなっている。前輪が最初の川底の石に触《ふ》れるまで、その斜めの状況は続く。バンパーが先に地に接するのでは、と思う程の傾斜。

他の作業員達が見守る中、クンサングはゆっくり、ゆっくり動かして行く。前輪が川に入る。とするとすぐにそれまでと違って石を踏むのが、石の上に乗り上げるのが判る。

クンサングはクラッチを繋げ、ローギアで進んで行く。前輪に続いて後輪も川床に降り、車体が平らになる。右に左にいくらか傾くが、止めることなく動かして行く。さらにゆっくりゆっくり慎重に進む。

ナワングが前方から見つめる中、クンサングはしっかりとハンドルを握り、全神経を車体の動きに集中して、その傾き具合によってブレーキを踏み、クラッチを切ることを繰り返す。私はただ、石と石との間にタイヤが挟まれないことを祈るばかり。どんな石であってもいい、タイヤはその上に乗っかった状態でいてもらわなければならない。

水の流れの激しさは変わることはない。僅か二メートルといえども左に、もし押し流されれば、それなりの平らな川床を踏み外し、転倒し、転落することは判然としていた。

車体全体が川中に入って、慎重にそれでも二〜三メートルを自力で進行できている。助手席に坐るこちらは文字通り、手に汗握る感覚でその時を送っている。

そしてさらに少し進むと、前輪が対岸の陸地に接する。何とか川を渡り終えそうだが、ここからが真に難渋を極めるのだ。

後輪は川中の石を踏んで前輪を陸地へと押し上げる。陸はぬかるみだが、何とか後輪が川中と陸との境までは進むことができる。運転台は川中に入る時とは逆に、後方にかなり傾いている。

後輪がその境に達したことを知ると同時にクンサングはアクセルを一杯に踏み込んで、登り上がろうとする。しかし道のぬかるみ具合はどうしようもなく、後輪のみの動力ではその傾斜に勝つことはできない。もし前輪も駆動し、仮えぬかるみでもその車輪が嚙んで後輪と協力すれば、あるいは自力でこの傾斜を越えて行くことはできただろう。

しかし後輪が川床を離れ、陸地に上がった瞬間、幾度のエンジン全開の試みにも拘らず、その傾斜を上がることはできなかった。自力でのトライを諦めて、その斜めの状態で車を止める。

その状況を見て、大型トラックがバックして来る。そしてある程度の距離をあけて止まる。その運転手と、ナワング、クンサングと言葉が交わされる。

牽引することは決まっているが、当初こちらの車にあったロープでのそれを考えたが、それではやめて、大型トラックが備える、鉄のチェーンで繋いで引くことにする。その方が確実ということだ。

ちょうどこの時、先程のインド人の出稼ぎの者達がやって来る。その川を裸足になって——もともと裸足の者が多い——越えて来る。そして彼等は牽引するために止まっている大型トラックの荷台に運転手の許可も取らずに登り上がる。彼等はもうここからは歩かなくて済む。この状況を逃す訳はない。二～三人が乗り上がって、下の者の荷物を手渡しされて引き上げる。運転手はそれらのことに無頓着だ。そんな彼等を見ても気にも止めない。この辺では、この辺を行く大型トラックの運転手には、そのことは当たり前のことなのだろう。

下に居るインド人たちはこの状況を見つめている。彼等とても大型トラックがこちらのハイエースを引っ張ることを知っている。それが済まない限り、大型トラックは動き出さないことも。

やがて両車両はチェーンで結ばれる。トラックの運転手がトラック側とハイエース側の繋ぎ点を確認する。クンサングがハイエースの車体底面を見つめる。そして両者の点検が終わるとそれぞれの運転台に乗り上がる。

たるんでいるチェーン中央辺をナワングが持つ。大型トラックがナワングの声の合図で動き出す。クンサングもしっかりとハンドルを握りしめる。

徐々にトラックは前進する。

やがてチェーンがピンと張られると同時にナワングはその手を離した。

次の瞬間、ガクンとハイエースにその牽引力が伝わる。しかし容易にはその傾斜を登り上がらない。大型トラックの後輪がぬかるみで空回りする。なかなか百%はその駆動力を伝達しない。

トラックの後輪が激しく右に左に振られる。それでも僅かずつだが、ハイエースにその力は伝わり引き上げられて行く。その動力が伝わると、インド人の一人の初老の男が、ハイエースの後ろに回ってそれを押し出す。大して意味はない風にも見えるが、その好意には感謝しなければならない。

私は下車していて、脇で――その踝《くるぶし》以上もあるぬかるみに靴のまま入って行くことは躊躇《ためら》われて――その成り行きを見つめているばかりだ。

大型トラックはエンジン全開のまま、牽引を続ける。少しずつ少しずつハイエースは傾斜を上がって来る。

そして一時五十六分、その急傾斜部分を何とか脱ける。ハイエースがフラットな処に来たのを

引っ張り上げてくれた大型トラックと、その荷台に乗るインド人労働者達

確認すると大型トラックは停車する。ただ、フラットな処、と言ってもぬかるみには変わりなく、私は、『もう少し引っ張ってもらった方がいいのに』と内心思ったが。

両車を繋いでいたチェーンが外される。ナワングとクンサングはハイエースの車体下を覗き込む。いくらかその部分には傷がつき、その牽引用にある?形の鋼鉄製の爪の形は変わっていた。しかし走行するのには支障はない。

川に入って行ったのが、一時五十分。そして、、、五十六分、ということは六分間かかって脱けたことになる。その六分間が実質、この旅行の一つの大きな目的の成否を左右した時間だったということができる。

ここまでの最大の難所をとにもかくにも通過する。それを実行してくれたナワングとクンサングに感謝する以外ない。

同五十八分、再び走り出す。ぬかるみは何とか越えられる。

五分走ってある右へのコーナーに、その左側路肩に、荷台にインド人たちを乗せた大型トラックが止まっている。こちらの車を先に通してくれているのだ。その運転手は窓から顔を出して、こちらの車を見送った。どちらかというとインド系の顔をした男だった。私もその運転手に、チェーンを外した時に、お礼を言ったが、

「何でもない」

といった表情をしたのみだった。インド系の男のお礼に対する一つの返事の仕草の、顔（首）をいくらか横に傾けるそれを見て、インド人の、優しさ、らしさを感じたのだった——かつてのインド旅行時に、その仕草と共に、そのことをよく感じていたから。彼等への嫌悪と共に。

そこを越えてしまえば、これまでと同じような道が、こちら側にも続いている。

タシガンへの道④——GOMCORA《ゴムコラ》経由

午後二時二十分、山裾を左にカーブするように回って来ると、右手先方下に三十メートル程の銀色に塗られた鉄製の橋が見えてくる。シェリ・チュー（川）橋だ。

そこへの下り道でもぬかるみがある。幸い下りだから埋まることなく、越えられる。

同橋手前の左の小丘に、レモングラスを扱う小屋が見える。

同橋より左側五十メートル程の処に古いシェリ川橋が架かっている。今は渡る人の姿もない。

同二十三分、新しい方の橋を渡る。渡った左側にレモングラスのオイルを絞る工場がある。少し立派な建物も見え、トラックも駐まり、人も幾人かが見えた。道はしかし渡ると山肌に沿うように右にカーブしている。

二分後、右道脇に白く外壁の塗られたチョルテンの建つのを見る。そのまま通過する。

そして一分走ると、落下した石が道に転がっている。それらの手前で車を止め、ナワング、クンサング、そして私も下車して、その人間の頭程の大きさの石を一つ一つ退《ど》けてゆく。それより小さな石は退けない。そうしていたらキリがないからだ。三分後、そこを抜ける。

この辺りの道端にはひどく簡素な小屋が点在する。聞けばやはりレモングラスの油を絞り取るための、「ファクトリー」と言う。しかしファクトリー＝工場、〝工場〟という訳語を当てるのはとても憚られるような「バラック」、いや「草葺き」小屋でしかない。四方を囲う壁というようなものはなく、ただ貧相な屋根と、いくらか地面より高くなった床があるだけの粗末な小屋《もの》だ。

しかしそこでレモングラスから油を絞り取って、やがてそれが「香水」等になってゆくと言う。その始まりの工場はひどく原始的な造りなのである。「香水」等はインドやその他の国にも輸出されているというから、立派な産業品なのだ。その草を大量に背負った親子に数組、ここまでに擦れ違っている。

これはこの地点だけに限ったことではないが、車中で度々感じたことがある。それは標高二千メートル、三千メートルの山中であっても、驚く程に道端にポツンポツンと人が居るということだ。全く付近には民家は見えないのに、人が歩いているのだ。車中の者からは、次の村まではかなりある筈だと思うのに、別に急ぐ風もなく暢びりと歩いている。それは親子連れの時もあれば、女性のみの時もあれば、子供だけの時もある。

牛を追う姿は頻繁に見受けられる。道路上にその糞が見られれば、その近くには必ず牛の群れが悠然と歩いている。クンサングは——私にしてみれば不要と思われるが——必ずクラクションを鳴らして、その中央辺をのっそりと歩く牛たちを追い立てる。牛追いの男、あるいは子供は、車が来たとしてもあまり牛を勢かせるようなことはしない。確かに動物には車が来たからといって、移動する、理由《わけ》は解らないだろう。だから多くの場合彼等は、積極的には牛を動かさない。

レモングラスのファクトリーを道端に三つ四つ見て、二時四十三分、車は道端に止まる。左側の谷間が比較的広い平地になっている。

「ライスフィールド」

ナワングは言う。しかし、その上方にあった斜面が大雨の影響により山崩れを起こし、そのライスフィールドの一画を土砂が埋めている。元々は斜面の凹地を細々と流れるものであったのが、そのことによりいくらか幅のある流れに変わっている。

その流れより、少し左側にダンメ・チュー（川）の流れがある。

雨季の山国には様々な困難が生じている。

午後三時十四分、短いが水が地肌を覆う川床を越える。五メートル程に石が敷かれていて、ここは難なく越えられる。

全般的な道路状況そのものは、小さなぬかるみや、小さな落石、そして凹凸道の連続、といったものだ。上り下りに加えて、そのような状況に対応するべくクンサングは、ギアをセカンド、サード、あるいはローに入れ換えて、車を走らせている。

三時十七分、ROLONG《ロロング》村を通過する。民家がポツンポツンと現れると、それが村だと知られる。しかし家があったからと言って必ずしも、「村」とは呼ばない。

「あれはレイバー達の家」

とナワングは言う。つまり道路の工事あるいは補修をするインド人、あるいは、「ネパーリー（ネパール人）」たちの家であって、国（県）が建てた、謂わば定住の為の家々ではないと言う。しかしその、「仮の家」は代々受け継がれてゆくものでもある。比較的最近に建てられたそれは、外観は小綺麗に見える。しかしかなり昔に建てられたものは、正しく、「バラック小屋」という態のものだ。

ずっと右手眼下を、ダンメ・チューを見ながら走る。雨水の溜まるぬかるみが頻繁にある。山の斜面が崩れて、落石されている処がいくつもある。その斜面に緑はない。

午後三時三十八分、その傍際《かたわらぎわ》にポリス・チェックの小屋のある、この国としてはかなり立派な鉄製箱形の"CHAZAM《チャザム》"橋に着く（ZAMとは、「橋」の意）。

これまでの多くの国のポリス・チェック（検問）では、下車させられて、パスポートを提示しなければならなかったが、この国ではそれはない。すべて運転手が（あるいはガイドが）持って行く一枚の紙切れ（通行許可証＝旅行・入域許可証）の提示で事足りた。

本来は橋を渡って行くのだが、どうやらその橋を越した先方の道路で、落石があったようで、「通れない」と言う。

それでちょうど良いというのか、橋を越えずに、そのポリス小屋の前を通って直進して行く。その方向《さき》へ行くと見物箇所の寺院（ゴンパ）があると言う。

ポリス小屋を出てぬかるみを十分も走ると、かつて車の通っていた――今は歩行者だけの――橋がある。その橋を右手に見て、先方へ進んで行く。この道こそが日本を出る時には予定に入っていた TASHI YANGTSE《タシヤンツェ》への道だ。三～四時間も走れば至るというが、今さらそこまで行くことはできない。ここまで来てくれただけでも良しとしなければならないからだ。

右手にクロン川《チュー》を見て、また道路端で草を食む牛や馬の姿を見て走ること三十分、午後四時十四分にその GOMCORA《ゴムコラ》に着く。そのゴンパ前――道の右手下にそれはある――に停車し、ナワングと私がその敷地内に入る。建物の扉には錠が掛かっていて入れない。それでナワングが奥にある建物に来訪の意を告げて、（出て来た）一人の僧侶から開けてもらう。

この国では寺院の内部の撮影は禁止されている。このことをナワングが言う。これまでにもそこへの入堂の度に言っている。従ってここでもカメラを手にはしているが撮れない。

GOMCORA，距離標識と寺院

建物への錠を開けてくれた僧侶が説明してくれる。堂内そのものは十五メートル四方程で、あまり広くないが、それ故見物も楽だ。

壁を背にする本尊の前には、「ガルーダの卵」とか、グル・リンポチェの〝足跡〟の残された石等が置かれている。この寺では十一月に三日間に渡って祭りが開かれる。

ナワングはこれまでにも見学に入る度に、寄進というか、お布施というか、いくらかの紙幣をその拝所とか、決められた場所に置いていた。また両ヒザをついて、頭を下げるという祈り――五体投地の簡略形？――もしていた。彼もまた敬虔な仏教徒なのだ。ブータン人としては当然のように。葬儀の時だけの仏教徒の私とは全く違う。

同四十分、堂内及びその周りの見物――二つのチョルテンや大小のマニ車、そしてヒマラヤ

GOMCORAの道で見かけた牛追いの少年

地方に仏教を伝えたと言われるパドマサンババの手形が残る巨石等——を終えて、自動車道に戻る。

クンサングは右手先方に少し行った処で車を洗っている。

そこへの途中でちょっと気を惹かれた牛追いの少年が居たので、写真を撮らせてもらう。サンダル履きというその風体と、その無口さにかつての自分を見る思いがしたので。

洗車しているのは道がカーブしている処で、そこには山側から水が流れ出していた。あの橋崩落現場の川床越えに続いて、ぬかるみ、落石を越えて来た行程から車体内外が汚れ、それを洗い落としているのだ。

彼のここまでの態度を見ても、とても清潔好きというのが解っている。と言うより自分の、〝運転手〟という仕事にひどく忠実なのである。朝は必ず宿の内庭で出発前の点検を怠らなかったし、時間があればいつでも、ぬかるみを踏んだ靴で汚れた足置きマットを洗っていた。

運転そのものも、道路上に家畜が居る場合において頻繁にクラクションを鳴らすということを除けば、問題ないと思う。ぬかるみや川床、あるいは凹凸道を脱けるのにも細心の注意を払って上手に脱けていた。そんな彼を見て、この旅行の後《あと》にも先にも初めて紙パックのジュースを買って渡す。本当は一日一回はこちらの負担で飲み物位渡せばいいのだろうが、どうもそのような行為が苦手なので……。

タシガンへの道⑤
——三kmの徒歩行

JAMKHAR の滝

午後五時三分、ゴムコラの寺院前を発つ。今度はクロン川を左手に見て走る。

同二十三分、JAMKHAR滝に着く。

二分間止まる。こちらは写真を撮る。滝が滝として見つめられればいいが、それが形を変えれば、橋を、崖を崩壊するものとなる。とにかく水の豊富な国であり、今は特別、その時季に当たっている。

同三十七分、CHAZAM（橋）たもとのポリス検問小屋に着く。止まって、小屋内のポリスとクンサングが話すが、すぐに戻って来て、車を走らせる。

「ここも落石の危険があるから、退《ど》くように言われた」

確かにこの一帯はぬかるみ道だし、落下した石がそこかしこに散らばっている。

先程は渡らなかった同橋を渡る。三十メートル程の鉄製コンクリート敷きの橋。

しかしまだ先方の道路状況は走れるまでには至っていないらしく、大型トラック、4WD、その他中型トラック等が橋を渡り終えた辺りに停まっている。十数台が足止めを食っている。

そろそろ日も暮れかけて、

「今夜はこの橋の上で泊まりになるかも知れない」

とナワングは語っていた。こちらはそれでも構わないが、

「食料も何もない。暖をとるものもない」

と彼は続ける。こんな処では夜明かしはできない、という表情をしている。しかし道路が通れなければ、どうしようもないのだ。こちらは、それでも構わない、と覚悟している。こちらにはそれは大した問題ではないと思えている。

しかし、橋上での待機十五分後の五時五十四分、前方の大型トラックのエンジンがかかり走り

出す。クンサングとナワングが慌てて車に乗り込んで発進させる。一台でも早く先に走りたいといった風だ。後方に並んでいたが、前方四台の大型トラックと、そして一台の4WDの次に付いて走り出す。私は意外に早い出発に驚くが、出てくれる分には何も言うことはなかった。

登り道をどんどんと行く。途中いくつかの落石現場、土砂壊れ現場を通る。これらの箇所の整地、整備をしていたのだ。

いい具合に前方に大型トラックが走っているので、その轍を進んで行けば良い。大型が通れる道幅が確保されている訳だから、こちらの普通車は問題ない。

しかし走って十二分後の六時六分、前を行く車が次々止まっている。整地作業後に新たに落石が発生していたのだ。かなり大きな石のようだ。ナワングが降りて状況を見に行く。

こちらの車は、前の4WDに接近して止まっていたが、その車もこちらの車も、その山側を見ると、やはり落石の危険のある処で、すぐには前に動けないと知ると、バックして山側が安全な状景の処へと動く。4WDも同じようにバックして来る。

こんな処で落石が起こって直撃されたら、たまらない。あるいはそれによって石と共に谷に落とされたら、やはり死は免れないだろう。道幅は大型トラック一台分がギリギリというものだから。

十八分後の六時二十四分、やっと先方のトラックから動き出し、こちらの車も走り出す。

「数人の男で大きな石を動かした」

タシガンへの三叉路の標識

ナワングは語る。彼はいつでも道に困難な状況が発生した時、率先して下車して、その対応に当たっていた。

そういった意味では、彼もまた自分の仕事に極めて忠実な男ということができる。

そこを脱けて走ること四分。登り道を行くと、三叉路のサークルに至る。三方への標識がそのサークルの中央に建っている。右に登って行けばインド国境へ、左へその門をくぐって行けば、タシガンの村へ至る。

「ここからは歩いて行く」

ナワングが言う。あの橋崩落（流出）現場で牽引してくれた大型トラックが先行していて、その運転手が、再びクンサングに告げている。

「ここから先、村までの間に大規模な落石があって、車は通れない」

大型トラックの運転手はそう知らせてくれて

いた。

「村中まで、三km」

それ位歩くのは問題ない。とにかく最終予定地のタシガンを目睫とする処まで来たのだ。CHAZAMで止められていた車が、すべてこの三叉路に到着した。既にインド方面への道路上にはそちら へ行く大型トラックが何台も止まっている。インドへの道も落石、土砂崩れで通行止めになっていると言う。もう今日で、

「四日も続いている」

と。

小雨の降りしきる中、六時四十三分、その三叉路を出る。車は道脇のいくらかスペースのある処に駐めている。

この旅行に出て初めて持参の傘をさす。それが必要な程の霧雨となっている。

リュックを背負い、カメラバッグを肩に掛け、傘をさして登り道を行く。

ナワングは必要なものをD《ディー》バッグに入れ替えて——二人とも結構大きな布製のスポーツバッグを携えて来ていた。ゴを二着ずつと、靴も二足ずつ、それに着換え類も入っているので、私より大きなバッグである——、クンサングは手提げのビニール袋に必要なものを入れて歩いて来る。

七〜八分も歩くとぬかるみになって、そしてそこを抜けると、道幅一杯に前方二十メートルも落石している処に至る。これではどの車も、仮え二輪車でも通れない。

大きな石が、岩が、道路をいくつも塞いでいる。その石の塊りを乗り越えて行く。雨で濡れ、泥も含んで滑り易い岩肌面を、滑らぬように細心の注意を払いながら行く。

二人とも慣れているのか、どんどんと進んで行く。こちらはバランスを取るのに苦労しながら、岩の凹凸を乗り越えて行く。

崩落箇所は他にもある。

「LANDSLIDE《ランドスライド》」

ナワングが言う。〝ガケ崩れ〟とでも言うのだろうか。たまたまその時にそこを通っていたら、人間は一たまりもないだろう。当たって打撲死するか、谷側へ落とされて墜落死するかだろう。

それなりに、二人に随いて歩いて、七時十一分、タシガンの村中に入る門に達する。そこから前方に村の明りが、家々に点る電灯の光が見えてくる。やっと到達したようだ。

門の手前からは下り道になっている。左側にいくつも家明りがある。

そして同十四分、小橋を越え、少し行った右への道を折れ上ると、中央に屋根付きの大きなマニ車があり、そのサークルの先方にある一軒の建物の中にナワングとクンサングは入る。

そこが今夜の宿泊場所、〝DRUK DENJUNG HOTEL〟である（七時十六分着）。モンガルの宿を出て、約十二時間が経っていた。

とにもかくにも折り返し点に着いたことを知る。あとは戻り道である。

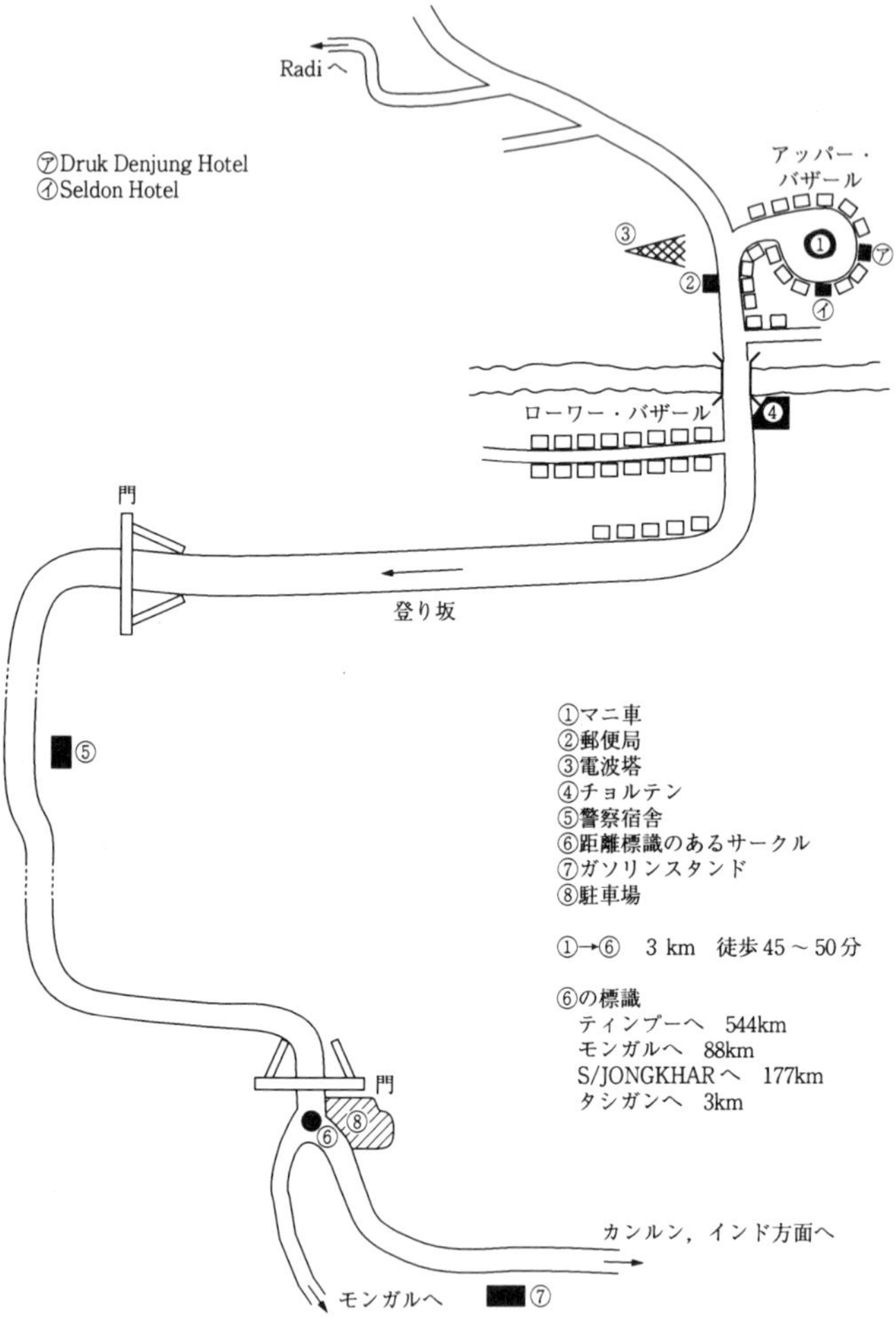
Radi へ
㋐Druk Denjung Hotel
㋑Seldon Hotel
アッパー・
バザール
①
③
②
㋐
㋑
ローワー・バザール
④
門
登り坂
⑤
①マニ車
②郵便局
③電波塔
④チョルテン
⑤警察宿舎
⑥距離標識のあるサークル
⑦ガソリンスタンド
⑧駐車場
①→⑥　3 km　徒歩 45 ～ 50 分
⑥の標識
ティンプーへ　544km
モンガルへ　88km
S/JONGKHAR へ　177km
タシガンへ　3km
門
⑧
⑥
カンルン，インド方面へ
モンガルへ
⑦

タシガン

昨日のモンガルと違ってここは電気が通っていて、薄ら明りだが各家からそれが洩れている。このことでいくらかホッとする。高度も下がっているせいか（標高千百メートル程）、ホテルの天井には大型の扇風機もあり、それを回してちょうど良い。

このホテルの雰囲気、そしてその扇風機、またトイレの造り等《など》、、、、インドといった方が相応しい。

日本で指定したホテルとは違うが、

「そちらのホテルは、夜間うるさいのでこちらに変更した」

ナワングは言う。それはそれで問題ない。ここまでの行程を考えれば、そんなことはひどく小さなことだ。

夕食を階下の食堂で八時三十分に——内容はこれまでの村と同じで、満足している——摂る。

電気は来ているが、水が出ないことは少々厄介だ。しかし場所を考えれば、贅沢は言ってられない——シャワー用の湯もちゃんとバケツに提供されたので、それなりに夕食前に、汗と雨で汚れた身体も洗い流すことができている。

ひどく内容の濃い一日が終わろうとしている。雨季のブータンの道路状況を目の当たりにできたことは、幸運と言うべきだろう。東部地方への移動の大変さを身をもって体験できたのだから。取り敢えずここまでそれなりに傷つかずに来られたことを感謝しなければならない。

午後九時十七分に夕食を終えると部屋に戻り、十時過ぎには眠りに入る。身体、というより、精神的にひどく疲れた一日だった。明日からまだ数日、このような状況が続いてゆく。やはり、

〝幸運〟を祈る以外ない。

《モンガル→タシガン、走行距離、百十七㎞。計七百三十七㎞》

インド的な村、タシガン発

寝ている間もずっと、天井の扇風機を回し続けている。ここはブータンというより、確かに私には〝インド〟か、〝バングラデシュ〟に思われる。その雰囲気もこれまでの町村とは微妙に違っているように感じられる。インド的空気の方がむしろ勝っているように思われる。

ここでも標高千百メートル程あり、日本の常識から言えば〝高地〟なのだろうが、このブータンでは〝低地〟の町であり、従って暖かい土地であることになる。

八月の夏の今、扇風機を回し続けているのは至当なことなのだ。洗ったシャツ等もその〝風〟によって早く乾くと思っている。部屋内のちょっとした出っぱりを利用して、洗濯物干し用のビニールテープを出して、それを伸ばし結びつける。室内にそのようなものを張り渡すというのもインド的なことだ。この旅行に出て初めてそれをする。洗濯バサミを含めて、持参した甲斐がある。

翌朝、

「六時に朝食、六時三十分、出発」

とのナワングの言葉に合わせて、起き出す。もともとこの旅行に出てから、五時頃には目覚めることを繰り返している。朝早い、というのは何の苦痛にもならない。むしろそれの方が私には有難い。まして今日の行程は特に長い距離を行くのだから。

五時二十分、まだ薄暗い部屋の外に出ると、既にナワングがその廊下――外《そと》のサークル（マニ車）が見降ろせる――に居る。どうやらその部屋内の灯りから、こちらの起床如何をチェックしていたようだ。

私は五時には起床して、部屋の電気を点けていたから、何も問題ない。ここまでは私たちの間では、こと時間に関しては何のトラブルも起こっていない。極めてそのことには、タイトに動いて来ている。

「おはよう」

「おはよう」

と交わし合い、

「よく眠れたかい？」

との問い掛けに、

「何も問題ない」

と答えている。

部屋に入り、荷物を整理する。

そして五時三十四分、この小さな村を少し動くべく、宿を出る。

こんな早朝でも人々の姿はある。

当初の予定の"SELDON HOTEL"の前を過ぎ、そこと共にこちらの宿もその一端を占める、中央にマニ車のあるサークルを左手方向に行き、車道へと出る。

そこを左折して昨夜歩いて来た方向へと、戻って行く。

すぐ右手に道端にポストの立つ郵便局があり――その背後には JICA が建てたというテレコムの円いパラボラをのせた電波塔がある――、さらに下って行くと、小さな川――と言ってもこの時季、その流れは激しい――に架かる十メートル程の小橋がある。欄干の低い、赤と水色とオレンジ色とで彩色されたその橋を越える。越えた左側にチョルテンが建つ。

早朝は静かで清明な空気が流れている。道の右側にある通りを折れて行けば、ローワー・バザールとなる。

しかしそちらへは折れて行かずに引き返す。その位置が見られたことに満足し、引き返す。ごく小さな村であり、感覚は摑めたと納得し、宿を挟んで逆方向、バスターミナルのある方にも行かない。朝食の時刻は守らなければならない。サークルにはマニ車にお尻を向けるように幾台もの車が駐められている。

そして部屋に戻って、荷物を携えて階下（一階）の食堂へと行く。既にナワングとクンサングは朝食を摂っている。こちらは隣のテーブルでそれをする。

朝食は、ブータンのホテルの朝食は、この村でもほぼ同じ。トーストに、コーヒーか紅茶。そして玉子である。味を云々するものではない。ただ一日の行動の始まりとして、胃袋を満たすだけのもの。

十分もかからずに食べ終える。ここを早く出ればそれだけ早く、三km先の昨夜車を駐めた処に戻れる。今日はモンガル経由で一気にブムタンまで行くのだから、早く行動を起こすに越したことはない。

六時十四分、ホテルで作ってもらった昼食用の〝ランチパック〟をクンサングが持って宿を離れる。

折り返しのコースに入っていくらかホッとしている。あとはここまでに通って来た道を戻ればいい。もう〝新たな〟道はない。ただモンガルへ着くまでは大変な箇所が控えている。一つ一つをクリアしてゆかなければならない。

先程一人歩いた道を、今度は三人で戻って行く。清明な空気は一つも変わっていない。

橋から五分も登り坂を歩くと、村入口の門に近付く。その少し手前で、右側を見つめる。谷を挟んで黄金色の屋根を頂くタシガン・ゾンが望める。また少し目を右に転ずれば、谷間に建つタシガンの家並が見える。

入口門に着き、その下をくぐって行く。昨夜来た時、

タシガン・ゾン

『やっとタシガンの村に着いた』

と思った門だ。今日はそのまま、いややはり、後ろを振り返りながら通って行く。

振り返った左側、谷間越し彼方の方向をクンサングは指差し、

「あの道を行くと、私が生まれた村に行く」

と言う。

「何という村？」

「RADI《ラディ》」

「何km位ありますか？」

「三十六km」

そこまではかなり、「ラフロード」と言う。最近は帰っていないようだ。

門をくぐると道はいくらか左にカーブしている。

そして六分後、右手崖下に小さくダンメ・チューに架かる“CHAZAM”が望める処に達する。

谷間に見える，早朝のタシガンの家並（左がバスターミナル）

タシガンへの村入口にある門（家並方向を見つめるナワングとクンサング）

崖崩落現場とぬかるみ

その右手上流側に旧橋の吊り橋も見える。

さらに少し行くと、落石現場がある。昨夜乗り越えて来たところだ。ぬかるみの処もある。とても車が通れる道ではないことを改めて知る。

そんな箇所が三カ所ある。大きな岩が転がる。一つだけの岩でなく、そんな岩が数メートルに亘って散乱している。もしその時に通りかかって直撃されていたら、確実に死ぬであろう程の大きさがある。また落石の直撃を免れても、その崖崩れ・土砂崩れに遭遇していれば、確実に谷に落とされたであろう程の量と幅をもっていた。

明るくなって見るそれは、昨夜とは違う思いをこちらに与える。日本でなら当然、通行止めにするであろう状況の道《ところ》を、学校に登校する子ども達が幾人もそれら岩石を乗り越えて通《とお》って

崖崩落現場を行くナワング

崩落現場への道を歩く小学生達

行く。また、あの三叉路より食料を買い出しに来るインド人たちがいる。

門を出て十四分、左手の少し道路より高くなった処に平屋建てだが、この辺ではちょっと大きな建物を見る。

「ポリス・ステーション」

ナワングは言う。警察官達の宿舎のようだ。

六時五十二分、車を駐め置いた門の見えるコーナーに来て、クンサングとナワングは歩みを止める。

クンサングは道を外《そ》れて、草むらの中に消えて行く。どうやら、トイレのようだ。ナワングは煙草を吸って、それを待つ。

数分後、クンサングは戻って来る。

「ちょっと下痢をして……」

彼は渋面をして言う。全くそのような素振りを昨日までは見せていなかったが。昨夜から今朝にかけてで、何か食中《あた》りでもしたのだろうか。こちらも同じものを食べていて、そのようなことはないから、ちょっと不思議だが……。何かそれ以外のものを口にしたのかも知れない。

しかし、

「大したことはない」

タシガンへ三km手前にある門と車群

確かにその後の歩行も特別、腹の具合が悪そうには見えなかった。

インドへのトラックが幾台も駐まる門の辺に着いたのは、七時一分。

既に多くの男達が起き出して、動き出している。乗用車を駐めていった男も居る。

ここもブータンと言うより、どこかインドの片田舎、と言った方がいい風情。だからちょっと面白い。加えてここにはインド人の方が多く居るのだから当然に。

クンサングは車に（乗り）エンジンをかけ、駐めていた所から、移動させる。

出発の準備を整えて、同十五分、昨日来た方向とは違う、インドへの車が数珠繋ぎとなっている方向へ進む。

「燃料を入れる」

ガソリンスタンドは、インド方面へ走った処

ガソリンスタンド（手ポンプ式の給油機）。奥の建物がオフィス

にあるらしい。

道の両側に駐まる大型トラックの間を抜けて三分。右側に掘っ立て小屋のガソリンスタンドがある。

燃料を入れるのは、手ポンプ式の機械で、である。ここに居るのは、そのほとんどがインド人。ただスタンドの経営者のみがブータン人のような風貌をしている。

ナワングとのコミュニケーションは、何語でなされているのか。インド人がゾン語《カ》を話しているのか。あるいはナワングがヒンズー語を使っているのか。たぶんこの地域の言葉が共通語となっているのだろう。ブータン内にもいくつかの言語があると言っていたから。インドの、ブータンに隣接する処の言語と、共通するものがあるのかも知れない。

こちらのビデオカメラに興味津々のインド人

ガソリンスタンドに居たインド人たち

を映して、コミュニケーションをとる。駐まっている時間が長いので、そんなことでもしないと暇をもて余す。

七時四十四分、タンクを満杯（三十六リットル入った）にして走り出す。

再び大型トラックの間（二十台近くいる）を抜け、各方面への距離を示す（タシガン三km、ティンプー五百四十四km、モンガル八十八km、S/JONGKHAR百七十七km）標識のあるロータリーの三叉路を、今度は左へと曲がって行く。

そして一分後、そこに落石が既にある。それはしかし人間の頭程のもので、ナワングが下車して退けてゆく。

ナワングが乗り込んで、しかしまた一分も走ると、道に石が転がっている。昨夜来た時にはいずれの処にもなかったものだ。今朝までの間に落ちて来たものだ。落石は頻繁に起こっているようだ。ここでも彼が下車して退けてゆく。そんな石の散乱が二十メートル余りも続いている。

悪戦苦闘

七時五十五分、退け終えて走り出す。

しかし十五分も走ると、前方にこれまでの石とは違った大きなそれが道路を塞ぐのを見る。それはとても一人の力では動かすことのできぬ程の巨岩だった。一辺が七～八十cm四方、高さ五～六十cmにも及ぶ落石岩だ。クンサングもナワングも、

『これは手に負えない』

といった表情をするが、とにかく下車してその石に近付いて行く。こちらも下車する。

その巨岩の周りはぬかるんでいて道幅も広くない。左側は崖である。戻り道とは言え、ここを通れなければ帰れないことに違いない。

その岩石を前にして思案していると程無く、次の車がやって来る。その4WDのバンには六～七人が乗っている。彼等は全員が降りて来ると、その石の始末を考える。そして結局、全員でそれを動かすことを試みることになる。

十人近い者が力を合わせて、摑みどころのないその石を動かそうとする。

渾身の力をふり絞って全員がその石に対する。そしていくらか、その落石岩は動く。それは凹

凸が甚だしい岩故に、動く可能性の高い処が動いただけだが——全体を思い通りに動かすことはできない。

しかしそれでもいくらか動き、ギリギリ普通車がその脇を通り抜けられる程のスペースを得る。そしてまず先に後方から来た4WDを通すことにする。ぬかるみにも強いそれを通して、走行の塩梅を見るのだ。

崖と巨岩とのギリギリの処を通って、何とかその車は抜けることができる。そして次にこちらのハイエースである。こちらはさらにギリギリ、いやいくらか後輪のタイヤがその岩と擦《こす》れ合いながら進み、どうにかそこを抜け出す。

十二分後の八時二十二分、やっとそこを通ることができる。この巨岩もこの一夜のうちに落下して来たものだ。昨夜通った時にはなかったのだから。

確かに雨季のこの国の移動行の困難さを実感している。道幅は大型トラックが一台やっと通れる程しかない。つまり乗用車であっても簡単には対向車と擦れ違えないということだ。各運転手《ドライバー》は文字通り、〝命懸け〟で細心の注意を払ってハンドルを握っている。一つその操作を誤れば、底の見えない崖下に転落するのだから。標高千メートル以上の場所をずっと走行しているのだ。

五分後、対岸にポリス検問小屋のあるCHAZAMに到着する。この辺りでは立派な、箱形の鉄製の橋である。昨日足止めを喰ったここに、しかしタシガンへの車の止まるものはない。後方の

CHAZAM（橋）からポリス検問小屋を望む

崖はるか上方にタシガン・ゾンが望める。

四分後、出発する。こちらの旅行許可証を提示して、ナワングはスタンプを貰って来ている。

この橋のそのすぐの道も、昨日同様のかなりのぬかるみで、埋まる危険性が大いにあったが、何とか脱け出している。こちらは車がぬかるみに入るたびに、

『止まることなく進み切って欲しい』

と祈る。

その後も崖崩れ・落石箇所がいくつもある。助手席側が崖という道が続く。登り坂となっている。

八時四十六分、ロロング村への橋を渡る。家がいくつかあり二分後、同村中心に至る。その村中《むらなか》には車のスピードを緩めさせる為の、道を凸にした処が五カ所ある。スピードを落とさねばかなりのバウンドをするという突起である。

このような道路は外国にはいくつもある。日本――の一般の幹線道路――ではそのような道造りをしていないが、それは国民性に由来するというものだろう。法（文言）で徐行を謳えば大方は実行される国と、道路の実体をそのようにしなければ徐行されることはない国との。

私にはしかし、日本にもこのような凸道が必要な場所もあるような気がしてならない。暴走族が我が者顔で行く一般道路などはそうするべきだろう。〝強制〟的な姿勢は、時に必要なものであると思われて仕方ない（日本に於いても近年、福祉施設等の周辺で、そのような道造りがされ出してきているが……）。

同四十九分、コーナーの崖からの水が道に溢れる低所を通る。同村の終了と解釈する。登り道となる。

九時五分、右側道脇に白い一・五メートル四方の祠を見る。同六分、左側眼下に沢が決壊して大きく土砂が流れ込んだ棚田を見る。そこから少し走ると下りとなる。

九時二十分、左崖側、コーナー脇に白いチョルテンを見る。そして同二十二分、道の両側が木立となると、民家がポツポツと見えて来る。その木立ちを抜けるとシェリ・チュー（川）に架かる三十メートル程の鉄橋《ばし》（その手前右手奥にはレモングラスの油《オイル》工場がある）となる。そこを渡ってすぐに左カーブしている景は先程のCHAZAMを渡った処と似ている。そして……。

渡って五十メートルも行くと、登り坂はかなりのぬかるみとなっている。先行の大型トラックは一度では脱け出れず、埋まり、一旦バックで戻り、さらに勢いをつけてトライしてやっとそのぬかるみを脱け出ていた。

それを見て困難さを予測する。そして実際、次――4WDは一回で脱け切れている――の次に登り出したこちらの車は、深いぬかるみに埋まって動けなくなる。

ナワングと共に下車して押すが、全く動かない。登りを諦めて、ギアをバックに入れて私たちは運転席側から下に押す。しかしそれも叶わなくなる。

シェリ川に架かる鉄橋に次の大型トラックが来たが、こちらの状況を見て、そこに止まったままでいる。

実はその橋を渡る時、そのたもとで一人の男がこちらの車に便乗したいと手を挙げていた。しかしクンサングは私に気遣って、その男を無視して通過していた。これは私には本当は心苦しいものだったが、チャーターの車ということでクンサングも心ならずもそうしていた――これまでにも路傍にそのように手を挙げる人は居たが、止まることはなかった。

その彼が歩いてこちらの埋まる処に来る。助手席に乗っていた私をこの車の、〝ボス〟と考えて彼はまず私に、再び便乗させてくれるように頼む。私はその意味は理解できたが、しかし彼に解る言葉を話すことはできず、ナワングを指差して、

「彼と話して下さい」

私としては彼を乗せることに、何も問題はなかったが、その判断をするのは私ではなかった。

男は車を押すことを手伝うと申し出ているようだ。そしてナワングも人手を借りたい処だった

ので、それを受けてその男の人も加わって車の脱出が試みられる。

三人が押してもしかし容易には動かない。

埋まったその轍に石を入れて前へ後ろへと動かしたが、どうにも動かない。といってその試みを止《や》めることもできない。轍に入れられる石の量が増えてゆく。とにかくタイヤがその石を噛み、乗り上げて、そしてそれが暫くの長さ続かないと脱け出せない。

悪戦苦闘、二十分余の末、やっとバックしてそのぬかるみを脱け出すことができる。

ちょうどその頃、後方眼下の鉄橋にこのような道路を改修する為の大型特殊車輛がやって来る。運転台の前方に大きな熊手様のバケットを持つ特殊車だ。

橋を渡るとこちらの方に登って来る。そしてこちらの車の脇を抜けて、そこの道路のぬかる

道路改修作業用の大型特殊車輛。ぬかるみを排除している

みを排除し出す。バケットにその泥濘を乗せ上げると左側の崖下へと落とす。

その作業は十分程続いて、そして道にぬかるみは無くなる。それによって先程まであれ程苦しんだ処を難なく走り抜けられる。

九時五十六分、後部席にナワングと、先程の男――モンガルにある病院で働いているというネパール系ブータン人――を乗せて、その現場を離れる。

しかし四分後の十時に再びぬかるみに埋まる。全員が下車してここでも轍に石を敷いてゆく。そしてナワングと私と男の、三人が車を押して何とか十一分後に脱け出す。一つのそれをどうにかクリアしてホッとする。

車が泥濘に埋まると、自力で脱け出せなければ、運転手以外は下車して押さなければならない。その際必然的にこちらの靴もぬかるみに入ることになる。それは水気を吸って靴下にまで泥水が及ぶことになる。ジーパンの裾も汚れる。手は石を拾って当然だ。顔にもその飛沫が当たって斑点をつくる。久しぶりにアフリカの移動行を思い出す。

走ることさらに八分、道が左にカーブして少し行くと、昨日の橋崩落・流出現場に達する。

崩落現場再び

昨日といくらか様子が違っている。しかし川の流れの中を越えて行くことに変わりない。やはり改修工事の男達が十数人居る。

ナワングとクンサングは、車を川から十五メートル程手前――川への下り傾斜になる手前――に止めると、状態を見にそこへ下りて行く。靴も靴下も脱いでいる。そこへの道も昨日同様ぬかるみである。

二人は工事の者達と言葉を交わしながら川中へと足を入れて行く。もはや帰路では選択の余地はない。引き返すことはできないのだ。とにかくこの川を渡らなければならない。

川中に足を入れて、車輪の通るルートを探る。川床にある石の状態を足探り、手探りで確かめている。川幅は七～八メートルだが、もし車輪が石の間に挟まって動けなくなったら、増水によって車は川下に押され、石の斜面を転落してしまうかも知れない。そうなったらもはや車は使いものにならないだろう。そのようにならない為のルートが慎重に探られている。

私はこちらに止められた車の中で、彼等の動向を見つめているだけだ。下車してそこへ行っても出来ることは何もない。ただ通過への幸運を祈るばかりだ。

ナワングとクンサングは川中へ石を入れ、あるいは川中にある石の位置を変えて、ルートを馴らす。作業員に指示して石《それ》を動かしたりもする。

そして七～八分後、クンサングが車に戻って来る。この車単独で渡河に挑むようだ。私は、ちょっと難しいような気がしている。まずその川へ到達することがこのぬかるみでは難しいように思われていたからだ。しかしクンサングはエンジンをかけると、ギアを入れ動かし出した。

ぬかるみにハンドルを取られる。止まったらもはや動けぬと思われる泥濘を、ギリギリのところで動いて行く。

そしてどうにか下り坂際まで進むことができて、川辺へと向かう。運転席が前方へ大きく傾く。私もまた川面をフロントガラス越しに間近に見る位置となる。

クンサングは車を一旦停止させ、膝まで水に漬かり川中に居るナワングと言葉を交わし合う。ルートの再確認をしている。川中の石は全く見えない。深さ三〜四十cmの中を行くのだ。

いよいよ再びギアがローに入れられる。クンサングはハンドルをしっかりと握り直し、動かし出す。まずバンパーが川に入って行く。そして次に前輪が川中の石に触れ、それに乗り上げたことを知る。

クンサングは慎重にクラッチを切り、ブレーキを踏む。また半クラッチにして、アクセルを踏み、車の動揺に注意を払いながら動かす。どのように車体が傾くかによって、その操作を判断しなければならない。傾きに瞬時に最善の反応をしなければならない。

前輪が川中に入り進み、やがて後輪も漬ったことを車体が平らになったことで知る。あとは石の間に車輪が挟まれないことを祈って少しずつ進む。右に左に傾くがそれ以上大きくはならない。

川中のナワングも工事関係者もこの成り行きに注視する。

ゆっくりゆっくり進む。クンサングはクラッチを切ったり、繋げたりして動かして行く。

川中にあること一分余、前輪が渡り切ったことを知る。対岸の陸地に到達し、ストップさせられたことを知る。ここからは登りとなる。後輪が上手《うま》く川中の石を噛んで前輪を押し上げるだけの力を示さなければ、川中から脱け出せない。最後の運を祈らなければならない。

クンサングは駆動軸の回転を一杯に上げてギアを繋ぎ、さらにアクセルを踏み込む。

しかしまだここでは慎重だ。後輪が石を確実に掴んでいることがハンドルに伝わる。

感触を確かめながら動かす。そしてその後輪が次に対岸の陸地に接した時、一気にエンジンを全開にした。ここで登り切らなければかなり厄介なことになる。ぬかるみの中を人力で押し上げなければならなくなるから。作業員十数名が居るとしても、大変な力を要することになる。ぬかるみの中では力は百%は発揮できないだろうから。

最後の力をエンジンはふり絞って、車を押し上げて行く。クンサングは前輪がぬかるみで滑らないようにとハンドルを左右に細かく振って、後輪からの力の伝達を助けている。こちらは助手席でただ身体を緊張させて、登り切るのを祈っている。

そしてどうにか対岸のぬかるみも越して、川床からの傾斜を登り切る。クンサングは道質の良い処まで走って停車させる。

彼はすぐに下車すると、川へと戻って行く。ナワングと共に川中の工事関係者と言葉を交わし合い、そして車へと戻って来る。

「ＯＫ！」

「We are finish !」

二人はそれぞれ言って、車に乗り込む。クンサングは車を発進させる。

しかし、ここは「フィニッシュ」だが、まだ完全に危険地帯を脱けた訳ではない。このことは三人とも知っていた。私は、

『モンガルに着くまでは安心できない』

と考えている。まだまだ先は長い。

それでもその橋崩落現場に居たのは十二分間だった。十時三十一分には離れることができる。一分走って、工事関係者の休憩場を、そして橋の手前の路肩が崩落している処を通過する。昨日同様大型車は通れないので、橋の前後にそれらは止まっている。いつ路肩が改修されて、それらの車は互いに往き来できるようになるのだろうか。誰も定かなことは知らないだろう。アフリカ同様、国の政策は首都を離れれば離れる程、容易には回って来ない。

「毎年多額の金を使って橋や道路を建設・改修し、雨季になってそれらの橋や道路は流され、あるいは穴ぼこがあけられる。そんなことの繰り返しで、国は予算を大きく潰している」

ナワングは自嘲まじりで語っていた。

タシガンの宿のテレビで、今夏（二〇〇〇年）はその雨がこの地域には特別多く、バングラデシュやインドのアッサム地方で洪水が発生していると伝えていた。ブータンの東部地方に雨が多いのも、同じ事情による。

ナワングはこんな年にタシガンまで来たことを恨んでいるようだった。ガイドは、あるいは客

が首都近郊だけの観光というのなら、大して労力を払うこともなかったのだから。たまたま私のような客と当たってしまった為に数倍の肉体的、そして精神的労力を払うことになっていた。

「もうこの時季の東部へのガイドは引き受けない」

というようなことを彼は言っていた。確かに、靴を汚し、石を退け、ぬかるみで車を後押しするようなガイドなど、二度と引き受けたくはないだろう。クンサングにしても同様かも知れない。

九十九折りを登って行く。右に左に数分毎にカーブを繰り返して登って行く。

そして十時五十二分、YADI村に入る。民家がポツリポツリと見えてくる。

三分後、とある民家の前にさしかかった時、クンサングが運転席越しに道端に居た女性と言葉を交わす。いや女性が言葉を掛けて来たのだ。クンサングはすぐに車を止める。そして少しバックさせる。

「病気の人が居るので乗せてもいいか?」

こちらに問い掛ける。

「もちろんです。何も問題ないよ」

ナワングが後部のスライドドアを開ける。道を横切って中年の女性二人が乗り込んで来る。

「モンガルの病院へ行く」

ナワングがこちらに言う。この辺りには病院などないから、病気になったら、そのような少し大きな町に行かなければならない。しかし公共のトランスポートは週数回しかなく、ましてこの時季、いつ来るかなど判らないから、来た車を止める以外ないのだ。今は加えて急病であるから、緊急を要するのだから、どんな車でも問い掛けない訳にはゆかなかったのだ。

ちょうどモンガルの病院で働く男も居て、彼が席をナワングの隣に移って、その席に女性二人が坐った。最後尾の席にはナワングとクンサングの荷物が置かれている。

後部席に四人が乗って出発する。車内での会話はほとんどなくなる。女性二人の声も聞こえない。病院で働く男も物静かだ。

車窓外にはイチジクの木、そしてオレンジ、バナナ、マンゴーといった熱帯のフルーツが散見できる。またトウモロコシの栽培もこの辺りでは盛んだとも。

十時五十九分、小集落通過。経文旗を立てる、今は旗《ダル》の付けられていない木の棒《シン》のみを右道脇に見る。

十一時十一分、学校を兼ねるモナストリィ前を通過する。昨日はその前に車を止めて、写真を撮った処だ。今日もあずき色の僧衣をまとった少年、青年僧たちの姿が見える。

登り坂を行く。モナストリィから二十分後、コレ・ラ（約二千三百メートル）に達する。今日は「テレコム」にも寄らずに、峠でも止まらずに通過する。

峠を越えれば下り坂となる。緑豊かな森の中を下って行く。

コレ・ラからちょうど三十分後、十二時一分にモンガルの一昨日宿泊した“DRUK KUENDEN”

ゲストハウス《GH》前に到着し、停車する。

ここで後部席の男一人と女性二人が下車する。男の方はこちらに挨拶していった。それは日本人の感性に似たもので、私としても嬉しいものだった。軽い握手をして別れる。三人は病院に向かって歩いて行く。

ナワングとクンサングは昨昼食のランチパックの容器を返しにGHの中へと消える。

しかし十分もすると出てくる。今日はこれからまだ長い行程が控えている。ゆっくりしている暇はない。

チャムカルへ

十二時十二分、GH前を発つ。村への門をくぐり出ると、左へと進んで行く。

三十分後、左への下り坂コーナー、その右手に“Welcome to Power House”という看板を見る。

十二時五十分、下り坂、両側に民家や、チョルテンを見て、クリ・チューに架かる十五メートル程の欄干の低い橋を渡る。渡ると道は左にカーブし、登りとなる（モンガルへ二十五㎞、リンミタンへ四㎞の距離標識の石が道脇にある）。

そして十二時五十四分、リンミタン村に到着する。一昨日同様、そのまま通過する。この辺りにもバナナやオレンジの木が道の両側に植わっている。この周辺では比較的大きな集落。左眼下には平地も広がり、店屋もあるという。家並も二〜三十メートル、ポツンポツンだが続いている。
午後一時二十二分、ヨンコ・ラ（峠）のキャンプ場が右手丘の上にある。そこへの道脇に車を止める。

「ランチタイム」

ナワングは言う。クンサングと彼は下車するとランチパックの入ったダンボールを持って、そのキャンプ場へと、小さな入口から登って行く。特別何の看板もないので見過ごしてしまいそうな入口だ。地元の者でなければ判らないだろう（一昨日はこちらも全くそこを意識していない）。

今は誰も居ないそこで昼食を広げる。トイレや水道もあって確かに、〝キャンプ場〟と知られる。シーズン中は多くの人が訪れると言う。

「この辺り一帯はヨンコ峠《ラ》・ナショナルパークになっている」

ナワングは言う。私にはこのブータンという国自体がどこも公園のように思われている。

ライスと肉と野菜煮の、いつものランチで腹を満たす。ナワングとクンサングの食欲は旺盛だ。彼等にとってこの仕事は、その食事の時が最も楽しくホッとする時だろう。

二人は自分たちのそれぞれの分量を食べ終えると、先程の渡河と泥濘で汚れた靴を、水場に行って洗う。二人ともひどく持ち物に対しては綺麗好きだ。これは国民性もあるかも知れない——いや彼等の性格かも知れない。たぶんそうだろう。

国民性、といえばブータン人は思いのほか、富裕な人たちだ。「思いのほか」というのは、こちらの僭越な言で、彼等はもともと富裕であったに違いない。ただ国が政策として外国人を入れていないということから、勝手に例えば、同じアジアのビルマのような国を想像していて、五十年前のような国の姿を想像《イメージ》していたからだ。しかしこのブータンではそのようなことはなく、西暦二〇〇〇年の現代が間違いなく息づいていた。

どの国の者もプライドを持って生きているが、ブータン人もそうであり、外国人との接触が少ないからと言って、西洋的な感覚が皆無かと言ったら、そうではなく、独自の文化を前面に押し出して、それで西洋化と調和させているように思われた。なぜか、明治・大正時代の日本を見るような感覚に襲われた。明治・大正時代に生きていた訳ではないが、たぶんその頃の日本もこの今のブータンのようではなかったかと想像された。独自の文化を持ち、西洋化に呑み込まれるのではなく、良い点を取り込み、己れの文化は確かに持ち続けるという。治安に関しても同様のことが言えるのではないか。ナワングは常に言う。

「ブータンに関しては、荷物の心配はない」

仮えどこに置いていっても、「盗ってゆく者はいない」と語った。また、

「夜、女性が歩いていても問題ない」

とも。確かにカメラとビデオを肩に下げていても、それを凝視する者は居なかったし、スキがあれば、盗ってやろう、という眼差しにも遭わなかった。私はブータンに入って二～三日後には、すっかり日本国内を旅行しているような気分になり、盗難ということに対してほとんど気を払わ

なくなっていた——昨年のパプア・ニューギニア旅行とは何とした違いだろう。

二時四分、キャンプ場での昼食を終えると出発する。こちらはいつものように助手席に坐って、時にビデオを回していれば良い。

同三十分、前方に落石のあるのを見て、ナワングが下車して、それを退けてゆく。彼はそれを終えると、近くの水溜まりで手を洗うと、こちらの車の到着を待つ。

二分後、後部席に彼を乗せて出発。

同四十一分、再び崖崩れ現場を通る。そしてその少し先方に、右側の崖沢が大きく広がり道路上に水を溢れさせて流れるのを見る。それは嵩丈十数センチ、幅七〜八メートルに亘っている。しかし、アスファルト上の冠水なので通過できる。そしてそこから再び登りとなる。

同四十九分、鬱蒼とした針葉樹林の山間の中に、ポツポツと民家が、谷にへばり付くように建つのを見る。

同五十二分、右手山側は垂直する岩壁だ。いくつものその壁を伝って流れ落ちる水条を見る。左手は深い谷、路肩から一歩でも踏み外せばどの位落下するのか、判らぬ程の深さがある。谷の向こうには濃い靄が掛かり、山容を、その頂き辺を隠している。

数十秒進むと、前方左側に二条《ふたすじ》の、沢を流れ落ちる滝（ナムリンの滝）を見る。向かって左側の方が、水量が多く、従って激しく水煙を散らしている。その滝の下のアスファルト道も、その水によって、幅十メートル程に亘って覆《おお》われて見える。

「去年、公共バスがこの辺りの崖から落ちて、十七名が死亡した」

クンサングが言う。「とてもリスキーだ」とも。ナワングも、

「この時季、霧が濃くて、何も周辺は見えないから、そんなことも起こり得る。道幅もこんなに狭いのだから」

ナムリンの滝（第１段階）

　滝《そ》の処から、また登りとなっている。今日も深い濃霧だ。この辺りの道には白くセンターラインが引かれている。安全確保の為に引かれたものだろう。

　三時五分、水沫で霞むその〝ナムリンの滝〟下に到着する。

　停車してもらって今回も写真を撮る。幅は狭いが、激しい水流が右手の山肌を下って

落ち（第一段階の滝）、道路下を通って、左手へと行き、約百三十メートル下へと一気に落ちている（第二段階の滝）。雨季の今、その水量は増し続け、止まることなく激しく流れ落ちる。

滝の下でなく中程で道路——しかしこれは道路ではなく「橋」であることを、後《あと》で知る。というのもその先の傍らに、〃ナムリン橋＝スパン・五十FT、キャパシティ・四十MT、一九八二年建造〃というオレンジ色地に黒く書かれたボードがあったので。しかし誰がどう見ても、「橋」とは見えないものだが——がクロスしているのは珍しい。

ナムリンの滝の道路際に居た父子連れ

道の左側には祠——内に置かれた皿にはコインが入っている——のようなものもあり、神との、いや〃仏〃との関連を印象づける。これも日本の風情と似ている。

何もない筈のここに、しかし子どもと三十年輩の父子連れが居る。道路の工事があるでもなく、近くに車もない処を見ると、この道を歩いているというだけのことなのだろうか。進むにしても戻るにしても、まだ家屋のある村まではかなりあると思えるのだが。交通手段が無ければ歩く以外にはないのだろうが。

三時十一分、そこを出る。下りとなる。霧雨がフロントガラスに当たる。靄霞が垂れ籠め、視界は前方三十メートル程だ。

十分後、左手に三棟続きの家を見る。どうやら、「レイバーの家」のようだ。道路補修に従事する、インド人、ネパール人の家屋のようだ。村ではない処にある道脇、あるいは木立ちの中の家屋はすべてそんな彼等の住まいだ。ナワングの、

「レイバー」

という言の裏には、いくらか蔑みの響きがある。ブータンに出稼ぎに来ている彼等に対する差別意識が感じられる。歴史的な知識の皆無な私にはブータン人の彼等に対する感覚は想像外のことだ。従って、このことに対して私は何も言えない。

三時三十一分、短い川床を通過。それが幅広になればやはり渡るのに苦労するかも知れない。しかしいい具合にここでは川床のコンクリートが見えている。

二分後、人間の頭程の落石が前方にあり、ナワングが下車してそれ等を道脇に退ける。

そして同三十五分、ぬかるみに埋まる。モンガル以降はいくらかそのことに対して安易な感じを持っていたが、ここに遭遇して思いを改める。

泥に完全に埋まり動けなくなる。来る時にはなかったぬかるみだ。登り坂なので脱けるのが容易でない。

こちらも下車し、轍に石を運んで填《あ》て入れる。一旦バックして、勢いをつけて轍の石に車輪を嚙ませて、やっと通過する。四分、脱出までにかかっている。

再びナワングとクンサングの靴が泥濘に汚れる——キャンプ場で洗ったばかりだというのに——。こちらの靴（軽登山靴）も甲の辺りまで泥を被る。

それでも車が通過できてホッとする。実質のぬかるみは十メートルもない距離だが、動かなくなれば、その十メートルは無限の距離と等しくなる。

ぬかるみでない場合、道は乾いていて、通行に何の支障もない。勿論所々にある凹凸にはブレーキがその度に踏まれているが。

三時四十七分、一昨日四人でランチを摂ったセンゴール村の草むらを左に見て、止まらずに、通過する。

ずっと左側には広々とした緑のなだらかな低い丘が続く。右側は牛が放たれた、牧草地だ。この辺りでは麦畑も広くあると言う。同村、同五十二分に通過。

登り坂を行く。四時一分、泥道に一旦埋まる。バックして再びエンジンを全開にして、今度は下車することもなく通り抜けられる。

霧雨というか、靄の中を走る。一歩道を踏み外せば底無しと思われるような崖道を行く。たぶ

トムシン・ラの光景

ん木々――マツやトウヒやモミといった常緑喬木が、この辺りにも多く植生している――のお蔭で千メートルは落ちずに止まるだろうが、数百メートルは落下してしまうだろう程の深い崖際を行く。

　四時十七分、右側一段高い処に今風の建物を見る。これも、「レイバー」の宿舎と言う。

　四時三十五分、霧の中の〝トムシン・ラ〟に到着。停車してもらって、再び写真を撮る。来る時も止まったが、やはり三千六百五十メートルの峠では下車してみたい。ここまでの道のりが大変だった故に。

　ここからは取り敢えず下りとなる。ダルシンと各色のルンタが微風にそよぐ。

「この峠の周辺には色とりどりのシャクナゲが、その季節には咲きほこる」

　ナワングは言う。そして、

「アゼリアも咲く」

と言って、その葉を見せてくれる。少し大き目の薄緑色をした葉だった。

「アイリスの葉もあそこにある」

と指差す。それらの花が咲く頃は、この峠はダルシンの色とは違った華やかさを見せるのだろう。

四時四十八分、出発する。

一昨日はここで大型トラック等が道に埋まり、こちらの車も埋まったが、今日は道は整地されていて、ぬかるみは無くなっている。止まる車も今は他にない。

ずっと霧靄《きりもや》の中を行く。ひどい時には五メートル先も見えない程のそれが垂れ籠めている。

所々に崖崩れの山肌を見ながら進む。

「Very Risky（とても危険なことだ）」

という言葉がナワングの口から頻繁に出る。確かにかなり危険な行程である。

五時七分、欄干の低い白い色の二十メートル程の橋を渡る。高度が下がるにつれて、靄は晴れている。再び登り出す。

五時三十分を過ぎた辺りから靄が再び行く手の視野を狭くする。

二十分程のちの、五時五十二分、タン谷への橋を渡る。そして右へのコーナーを回ると、左手に広々とした平地が見えて来る。

タン谷である。牛が放牧されるのを眼下に見る。この辺りでやっと靄が晴れる。ブムタン域に入ったことを知る。

四分後、左手にウラ村の家々が遠望できる地点に至る。この村に宿泊するホテルがあれば折れて行くのだろうが、同じブムタンでも、宿泊ホテルはチャムカルにあるということで、そのまま進行する。

六時十四分、シュレ・ラを止まることなく過ぎる。

同分、左道脇に薄汚れた白いチョルテンの建つ処を通過する。そこより登り走ること一分、トイレ・タイムで停車する。

三分後、発。

同二十分、モミの木やカバの木が植わる一帯を通過する。

高度が上がって、再び靄が濃くなる。

そして六時五十分も過ぎると薄暗くなる。クンサングはヘッドライトを点《つ》ける。

同五十八分、すっかり暗くなった道を行く。幸い、両側は平地になり、あるいは木立ちの間を抜けて行く。ハンドル操作を誤って、崖から転落するという危惧はない。

七時一分、二十メートル程のタン・チューに架かる橋を渡ると道なりに左にカーブしている。

少し行くと右側木立ちの奥に、

「羊の飼育場がある」

とナワングは言う。それは数年前、オーストラリア人の指導の元に建てられたものという。現在はオーストラリア人は帰国し、ブータン人だけで、その飼育場兼羊毛工場も運営されているという。現国王になってから、そのような各事業を起こすことのできる政策が実施され始めたと。この国の風土に適《あ》った産業の振興が計られていると。

さらに十数分走った七時十九分、チャムカル村への橋を左に見て、そしてそれを渡って行く。雨が降り出している。

渡った両側に同村の民家、商店の灯りがポツポツと見える。

一分で突き当たり、ロータリーを回って右折して行く。

すぐに小橋を越え、一分後、本道上を道なりに右へと進む。

二分程走ると左側の敷地へと車を入れる。建物の前に停車される。

「やっと着いた」

クンサングが言う。宿の〝マウンテン・ロッジ〟である。タシガンを出て約十四時間が経っていた。一番の難所、そして長距離を走った一日が終わる。

《タシガン→モンガル→ブムタン、走行距離二百七十二㎞。計千九㎞》

中部ブータン

チャムカル、初めての連泊

ロッジは三年前に造られたということで、まだ真新しく、ログハウス風で設備も良い。この国としてはそれ程の高地にはないが（標高二千六百メートル程）、しかし人の住む比較的大きな町村の中では高地にあることで、部屋内には薪ストーブがあった。

このチャムカルの町の各家には暖炉があり、冬の寒さに対している。これもまたスイス人の指導によって造られたものであるという。暖炉及びストーブはすべて、従って〝スイス風〟という——。

この旅行の最初で最後の連泊をここでする。ガイドと運転手と、そして私自身の疲れを癒す意味もある。確かに旅行のすべての日々を移動に当てていたら厳しいと思う。特に運転手のクンサングには移動のない一日は必要だろう。

それに、私にはストーブのあることによる好都合もある。ここまででですっかり汚れてしまった軽登山靴の、またジーパンの洗濯をすることができる。いい具合にトイレを兼ねたシャワー室は広めに取られていて、衣類のすべてを洗うことができる。それらを洗っても充分のスペースがあ

マウンテン・ロッジ（左側が母屋，右側が泊まった部屋のある建物）とエトメト社の車

ったから。

ストーブの火を全開にすれば、たぶん二日あればそれらはすべて乾くと思う。

夕食の九時までをそれらの洗濯、そして自身のシャワーに当てる。

薪ストーブに火を入れて、それらを近くに置いて乾かす。ここは外国人旅行者を対象としているので、ひどく居心地が良い。

夕食は母屋とは別の、こちらの部屋のある棟の一階で供された。今日の客は私たちのみで、ナワングとクンサングは母屋の方の食堂（いや、従業員と一緒にその調理場にあるテーブル）で摂っていた。

私の為に一人の係りの男が母屋の調理場から料理を運んで来る。こういう扱いは何か居心地が悪いが仕方ない。一人の為の夕食を摂る。

メニューは、スープから始まって、いくつもの料理皿が出される。①白ごはん、②じゃがいも煮、③キャベツ・人参炒め、④牛肉炒め、⑤ブロッコリー煮、と五皿もあり、その後、デザートとしてこの辺で穫れる小さなリンゴ二つと、コーヒーか紅茶も供された。質量共に申し分のないものだった。

食事に関しては、ブータンにおいては日本人には何も問題ないと思う。主食が米であるということが第一だが、魚以外は肉も野菜も果物も実に豊富にあったから。味付けとしての〝チリ〟を苦手にしなければ、ひどくすんなりと親しめる料理と思われた。この町では特にブロッコリーとキャベツを見て嬉しくなる。そのようなサラダになる野菜を得て、より「日本と同じ」を実感する。

ストーブの暖かさと共に十一時には就寝する。

翌朝、八時三十分からの朝食も美味しく頂く。朝食は、この国では外国人にはほとんどが西洋風のものが出される。トーストにバター、ジャム、チーズ、そして玉子（目玉焼きか玉子焼き、あるいはゆで玉子等々）に、コーヒーか紅茶である。

今日は午前中のみこの村の見所を車で回って、午後はフリーということにしていた。

九時三分に宿を出て、左方向へ木立ちの中を進むこと十分、門をくぐって Kurje Lhakhang《クジェラカン》 に着く。この寺院は八世紀に出来たという。しかし現在の建物は一九七四年に造られたものだ。

ここも学校を兼ねた僧院で、ちょうどこの日、そのあずき色の僧衣をまとった少年、青年僧た

クジェ・ラカン，大型トラックに乗る少年僧たち

ちがトンサの寺院へ行く日に当たっていたとみえて、大型トラックの荷台に大勢乗り込んでいる処に――そちらに向かう処に――出くわす。

ブータンでは学校、病院に関わる費用はすべて無料という。授業料、宿泊料、食費、入院費、治療代と、国が何もかも負担してくれるという。

学校に関して言えば、現在でも義務教育制ではないので、学校に入らない子もいるが、昔（十年も前）に比べれば多くの子が通うようになったという。従って、一九八六年までは学校での昼食も無料だったが、それ以後は財政への負担から、支給されていないという。昼食は各自、家から弁当を持ってくるか、家の近い子は自宅に戻って食べるようになったという。ナワングが小学生の頃は無料だったという。生徒の数も多くなかったから、それも可能だったと。

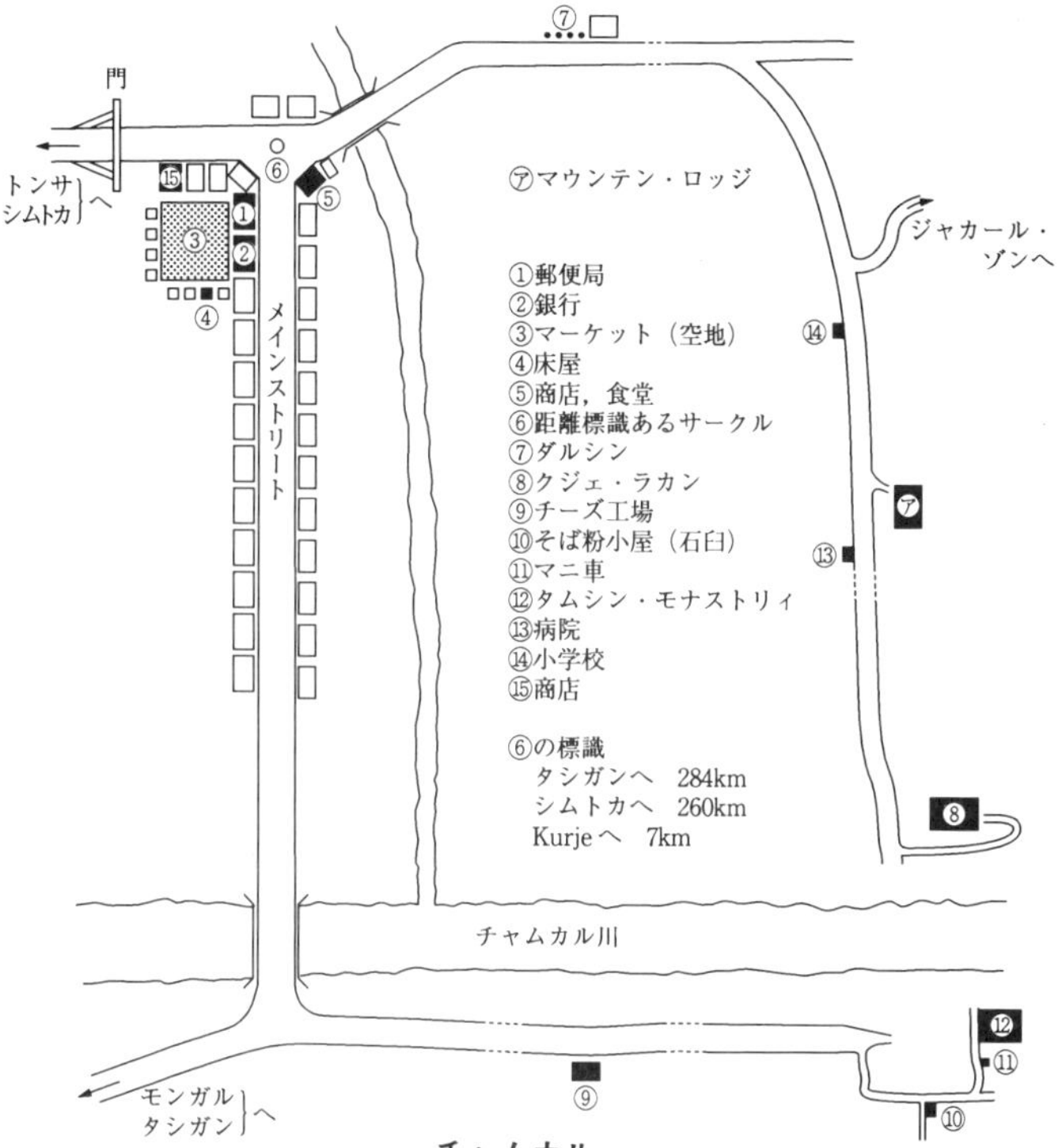

チャムカル

寺院では現在もすべてが無料で、ただ一つ、「彼等が着ている僧衣だけは両親が作ってあげている」

　このクジェ・ラカンでは年一回、一日だけのお祭りが開かれるという。五日あるいは七日と続けて開催する寺院もあることを考えると、一日というのは甚だ短いが、しかしここは初代から三代までの歴代の国王が埋葬されている処として、ブータンでは位の高い寺という。

入口門からすぐの処にチョルテンがあり、そして右手前方に、三棟続きにある一番奥の寺建物入口土間には、インド密教時代に成立した重要な教典である、カーラチャクラ・マンダラ（時輪経）が描かれてあり、それは特に有名らしくガイドブックにも載せられている。また、絵ハガキにも使われている。

内庭のような空間を挟むように、左右に、それら寺院と少年僧等の宿泊棟が建てられている。

九時二十七分、同ラカンを出て、来た道を戻る。

ゆっくり田舎道を通って十分後、左手に病院を見る。そして少し行くと宿の前を通過する。

さらに一分程走ると左手に小学校を見る。そしてジャカール・ゾンへの三叉路を通って行く。

道なりに突き当たりを左に折れ、村中心のロータリーを左に曲がり、二百メートル程のメインストリートを行き、九時四十四分、村入口、チャムカル川に架かる橋を渡って、左に折れて行く。

一分後に、右手にチーズ工場がある。

「帰りにここに寄る」

ナワングが言う。今朝の朝食に出されたチーズもここで作られたものという。それは問題なく私には食べられるものだった。

同四十九分、右手奥に、「レッド・パンダ」ビールの工場があるという。ビールだけでなく、そこではリンゴやピーチを原料としてウィスキーやワインも作っているという。また農場が見え、放牧されている牛が見える。そして養蜂工場もあると。

少年僧たち

九時五十七分、チャムカル川越しに先程訪れたクジェ・ラカンが見える。

十時ちょうどに、田舎道を行った処の“Tamshing《タムシン》 Monastery《モナストリィ》”に着く。車をそこへの手前の処で降り、歩いて細い道を下り、突き当たり右側にあるその建物内に入る。

そこにはあずき色の、またオレンジ色の僧衣をまとった子ども達が居て、勉強している。しかしこちらの存在を知ると、物珍しそうにやって来る。

そしてビデオカメラに興味を示し、それをじっと見つめる。小学生位の彼等は純心に、その小さなモニターに釘付けになる。自らの映る画像に喚声を上げる――私が彼等としても同じように興味津々だっただろう。

中学生位の子は、廊下のような勉強場――その背後の壁には、「あなたの国の動物のことを知りましょう」といって、ブータンの地図の上に描かれる動物の絵があった。他にも、「あなたの国の住居を知りましょう」、「野菜を」、そして「民芸品を」、といって地図と共にそれぞれ絵が描かれている――で、そこから動こうとせず、自身《かれら》の学習を続けている。

「ここでは年一回、五日間の祭りが開かれる」

タムシン・モナストリィの，ビデオカメラに興味を示す少年僧たち

同モナストリィ内庭の光景

ナワングが言う。五日間と言えば、かなり長い期間だ（先に訪れた「クジェ・ラカン」は一日だけのお祭りと言っていたから）。その日には大勢の人たちで賑わうのだろう。

十六分後に同モナストリィを出る。出て少し行った処に、水を利用してマニ車を回す小さな祠がある。水を利用してそれを回す祠が、各所にこれまでにも見られていた。

「そば粉を作る小屋が近くにある」

ナワングと共に歩いて、一分の処にその小さな小屋がある。その中にやはり水の流れの力を利用して、碾《ひ》き臼を回してそば粉を作る装置がある。日本の農村のどこででも、かつては見られたそば粉づくりの光景かも知れない。

ナワングは、

「そば」

そば粉を碾く石臼のある小屋

小屋内のそば粉を碾く石臼（水流《みず》の力が伝達されて，回転している）

と言う。彼は日本に居た時に、そばを食べていて、それ以来、日本人に対しては、

「そば」

とそのまま発音しているようだ。

「ブータンのそばは、温かくなく、冷たくして食べる」

と説明した。そばも一種のおかずとして食するようだ（この日の夕食にそれが出る）。

十時二十三分、その小屋前から車に乗ってそこをあとにする。

来た道を戻り、十二分後、先程通り過ぎたチーズ工場に止まる。

平屋建てのその内に入って、それを作っている処を見学させてもらう。この時は二人の男がそれに従事している。

製造途中の工程のようで、大釜に入ったミルクの中から固形したものを掬い上げ、それをサ

チーズ工場内，円い型枠にしぼったチーズを入れている

ラシに受け取り、円い型枠にサラシのまま乗せ入れる処が見られた。

水気が自然に溢《こぼ》れ出なくなると、さらに固まったチーズが残るのだ。

十分程居て、隣接する販売所に入る。ナワングがそれを購入して、そこを出る。十時五十分。

次に、Khar Dat Shang というチベット寺院に七分後に着く。

タン・チュー（川）を挟んだ丘陵地に建てられたそれは、チベット人によるプライベート寺院。全くの喜捨による資金で建てられたものという。この寺院の指導者は世界各地に飛んで、その喜捨を集めているという。ここでは年一回、三日間祭りが開かれるという。

広い敷地に寺院建物が三棟続くように建てられている。シーズンオフの為か、見物するのはどこでも私たちだけである。

十一時十一分、そこを出て、村中へ戻る。

チャムカル川に架かる十五メートル程の橋を渡ってメインストリートを直進し、今度はロータリーを左折する。トンサへの、村を出る門の脇の商店前に車を止める。その裏手にこの村のマーケットがある。

床屋がそこにあるという。実はこのブータンで散髪しようと決めたのだ。自分としては伸びて来た髪をこの国で、思い出として刈るのもいいと思えて。休息日とした今日、この村で刈ることにしたのだ。

その床屋の下見に行く。マーケットはただの空地を囲むようにしてあり、床屋はこちら側からは左前方の一画にあった。しかしその主は不在で、客の青年僧がポツンとその椅子に坐っているだけだった。

午後にフリーになった時に改めて来ることを決めて、そこをあとにする――一応その青年僧にも散髪代を確認している。「二十五ヌルタム」と言う。

十一時二十四分、車でジャカール・ゾンに向かう。それはロータリーを越え、小橋を越え、道なりに右折した宿への道の途中を左に折れ登って行った先にある。七分後に着く。

「ブータンにあるゾンはすべて十七世紀に建てられた」

という、これまでのその言に違《たが》わず、十七世紀建立のものという。その時代にチベットとの戦闘が繰り返されていて、その攻撃を受け止める城塞として、ゾンは建てられたという。従って、各地のどのゾンも見晴らしの利《き》く高台や、あるいは川の要所に築かれている。

ナワングは下車すると、入場する前に白いカムニをゴの上にまとった。ゾンに入る時にはそのような正装をしなければならない。

そこへの石畳の急傾斜道を登って行く。

ここも閑散としているが、勉強する小学生位の少年僧の姿はあった。どの子の瞳も純心無垢だった。

また、ここではうどん粉で仏塔を制作する子たちも居た。彼等はそれを熱心に、手でこねて作り上げていた。

ゾンはかつての防塁であり、どれも高所に築かれている。従って、このジャカール・ゾンからのチャムカルの眺めも素晴らしい。右手、比

ジャカール・ゾン内，うどん粉で仏塔を制作する少年僧たち

ジャカール・ゾンからの眺め

較的近くに、「ハイ・スクール」の現代風の建物が見える。目を転じれば広い谷間の平地に家並がいくつか集落となって見える。

十一時五十六分、ゾン《そこ》を出る。坂を下って宿への道に出て、左折すると一分程で宿に着く。「昼食は十二時三十分ということで」ナワングと決めて、部屋に戻る。移動しない日は暢びりできていい。一ト息つく。

平和な光景

昼食も時刻通りの十二時三十分には食べられる。昨夜の給仕の男がやはり母屋の調理場から料理を運んでくれる。そしてテーブルにすべてが並べられる。この辺も日本と同じで嬉しい。西洋式だと一つ一つが順に出て来るが、その方式を私は好まないから。

①赤ごはん、を主食として、おかずに、②鶏肉の煮物、③いんげん豆煮、④じゃがいものチーズ煮、⑤サラダ（トマト、キャベツ、玉ねぎ）、の五皿と、デザートの、⑥リンゴが供され、勿論最後に、この部屋に備え付けのティーバッグより紅茶か、あるいはインスタントコーヒーを、やはりそこにあるポットの湯を注《そそ》いで飲めばいい。

ここでもどの皿も半分程の量は残す。どの皿も満たされる程に入っていて、すべてを食べていたら腹が膨れて動けなくなる。

午後一時に食べ終え、部屋に戻る。今日のこれからは全くフリーである。どのように過ごしてもいいが、折角なのでこの村を歩いてみることにする。先程の散髪屋へ行くこともその目的の大きな一つだ。但しそれは大方の見物を終えたあとだ。そうでなければ、洗髪に途中で戻らなければならない――洗髪のサービスはないということだから――。見物後なら、そのまま帰宿すればいいのだから。

一時二十四分、宿を出る。敷地を出て右手に歩いて行く。十分で、突き当たりのコーナーを道なりに左に曲がって行く。そしてダルシンのはためく右側の道端を見ながら五分、小橋があり、渡るともう村中心のロータリーが見える。

ロータリー左手にある商店に入る。ちょっとした、外に面した内廊下があり、それの奥に商店や小食堂が、二つ三つ連なっている。

一軒の雑貨屋に入る。文房具やおもちゃ、電気製品、靴、家庭用品等、ありとあらゆるものが揃っている。試みに訊いてみる。

「ポストカードはありますか？」

「あるよ」

入った一軒目でそれのある店に当たる。ガラスケースから取り出された、束ねられたそれを見せてもらう。ガラスケースの向こうには主人と、その子どもであろう小学校四～五年位の少女が二人居る。

お客は狭い店内に五～六人居て、それぞれ興味のあるものを見つめている。

特別もう絵ハガキを出す宛てはないが、それを見ている。ティンプーで買ったものと紙質もその絵柄も違う。従って値段も一枚に付き、五ヌルタム高い。

三枚購入する。そして出掛けに口の達者な――こちらがその絵ハガキを値切ると、ひどく流暢な英語で、断って来た。「この絵ハガキは、他のそれとは質が違う」と言って――その子ども二人を写真に収める。すると、

「その写真を送ってくれ」

と言う。

「OK、一枚、五ヌルタム」

こちらが言うと、瞬間、

「えっ！」

店屋の少女二人

という顔をする。絵ハガキ代金のこちらの値切り額がそれであったからだ。しかしすぐにこちらが、

「冗談だよ」

と言うと、笑顔に戻った。二人に住所を書くように言うと、傍《そば》に居た主が引き取って、紙片にそれを書いてゆく。

「私たちそれぞれに一枚ずつ、二枚送ってね」

「OK」

すると、一人の女の子が、

「もう一枚、三枚送ってくれる?」

たぶん家に置いておく分か何かにするのだろう。こちらが一枚焼増を増やすのは容易《たやす》いことだ。

「いいよ、三枚送ってあげるよ」

二人はちょっとこましゃくれているが、逆にそれが彼女等の自己主張なのだと思う。まだ小学生なのだから、そうであってもそれは可愛いというものだ。

「ありがとう」

二人は微笑みながら言う。こんな会話、時間が私にとってはひどく楽しい。

十五分程その店に居て、そこを出（一時五十八分）、ロータリーを左に巻くようにメインストリートを横切る。左側に郵便局がある。そこに入る。

薄暗い局内にカウンター越しに二～三人の局員が居る。客は誰も居ない。ひどく暢びりした光景。ちょっとだけ居て、すぐ隣の銀行へ行く。

可能なら両替するつもりだが、しかし、

「午後一時で業務は終了した」

と。扉は開いているが、窓口業務は既に終わっていた。他の国なら——日本でも——窓口業務を終えたら銀行はピッタリと扉を閉めてしま

銀行内部の光景

うが、この国ではそれより一時間も過ぎても開けている。そういった意味でも治安のひどくいいことを知らされる。金を扱う処であっても、窓口は日本と同じようにそのカウンターは低く、客と行員との間に、勿論鉄格子のようなものも、ガラスもない。

ここで客として居た（のだと思う）女学生三人と会う。高校生位の彼女等はこちらを見て、

「こんにちは」

日本語で言う。

「えっ、なぜ？」

と問う。あまりに唐突だったので。

「日本語の先生がこの村に最近まで居ました」

彼女等はその人から日本語を習ったと言う。たぶん青年海外協力隊員であろう。このような片田舎にも派遣されていることを知る。そのこと自体には驚かない。アフリカのかなり奥地にも彼等は居たのだから。

三分で銀行《そこ》を出て、メインストリートを村入口の橋へと歩いて行く。

この通りに面してのみ商店が、あるいは民家がある、という風にも見える――層列を成《な》す、というような家並はない――ひどく暢びりとした平和な光景。こんな村に数カ月も居たら、確かに心洗われると思う。

ゆっくり歩いて――写真を撮りながら――七分後、その橋に至り、渡る。渡ってまた写真を撮

チャムカルのメインストリート。中心（ロータリー）方向を望む

メインストリートを尽きてある橋

路肩に坐る男二人（一人は合掌している）

る。

橋を渡った突き当たり、車道端の草地の路肩に男二人が居る。どうやら、ウラ、コレ・ラ方面へ行く車の来るのを待っているようだ。

そのうちの一人がこちらの写真を撮っているのを見て、

「俺も撮ってくれ」

と、声を掛けてくる。

「いいよ」

気軽に答えて、その二人に向けてシャッターを切る。声を掛けて来た男はこちらの構えるのと共に、手を胸の前に合わせて、合掌する。かつて彼はどこかの僧院に居て、修行をしていたことがあるのか。しかしこの国ならば、そのような人が居るのも不思議ではない。敬虔な仏教国であるのだから。

橋の辺りに五分程居て、村のメインストリートに戻って来る。

橋を渡って数軒目の左側の民家（店屋も兼ねているようだ）を覗くと、小学生程の男の子二人が机上のゲームに興じている。平らな石をその机上に並べて当てるというものだ。四隅に穴が開いていて、相手の石を落とすというゲームのようだ。謂わば小規模なビリヤードみたいなものだ。

こちらはルールは解らないが、それに興じるその子ども達を見つめるのは楽しい。

しばし眺めて、次の家へと移動する。そこでも同じような卓上のゲームを行なっている。子ども達というのも同じだ。

そしてさらに数軒先へ行く。いずれも橋から進んで左側にある建物を覗いている。

やはり店屋を兼ねた建物内で簡易ビリヤードに興じている、ここでは十四～十五歳の男の子

店屋を兼ねた民家内に居た子ども達

ゲームをしていた少年僧たち

達を見る。彼等はあずき色の僧衣をまとっている。四人居るが、その位の年頃は最も爆発力ある年代《とき》だ。この国では、いやこの村では、そのゲームでそれを発散させているようだ。それはそれで良いのだと思う。ここには盛り場もゲームセンターもないのだから。

一分後、再び郵便局へ行く。一ヌルタム未満の切手があれば購入しようと考えて。

しかし責任のある局員は居なく、切手《それ》のあるロッカーのカギを持って行った為に、「売ることはできない」と言う。

それでそこに居るカウンター内の若い局員と少し雑談をする。責任者が戻って来るかも知れないと思って――しかし局内をよく見ると、営業時間の案内の書かれる板のあることを知る。営業はウィークデーのみで、時間は午前九時から午後一時までとなっている。従って、先程も

郵便局内の男達

今も誰も客の居ないのも得心できたし、責任者の居ないのも理解できた。

気安い若い局員が居て、こちらのカメラを見ると、

「撮ってくれ」

こちらはそれは勿論OKで、カウンター内に居る彼を撮ってあげる。

「その写真を送ってくれる？」

「いいよ、住所を教えてくれれば」

彼はメモ用紙に名前と、〝チャムカル・ポストオフィス〟と、記した紙を返す。

「日本に戻ったら、必ず送ってあげるよ」

こちらはそれからあと少し話している。

彼等としてもその顔貌が違わないこちらには何も臆するところがない。ごく自然に話し掛けてくるのがひどくいい。こちらも日本人と話すような感じでいる。それは白人に対する時とも、

インド人に対する時とも違う感情だ。こちらの気持ちの中には彼等に対するバリアーはない。たまたま話す言葉が違ってしまった同国人に対する時のような気持ちだ。それは違うかも知れないが、今はそんな気持ちを持っている。私にはひどく〝似ている人々〟に思われて。

十三分居て、午後二時四十分、郵便局を出る。結局、やはり責任者は来ず、一ヌルタム未満の切手は買えずじまいだったが――一ヌルタム切手を二枚購入する――、局での時間に満足して出る。

そしていよいよマーケットへ。あとは床屋で散髪をして、ロッジに帰ればいい。

散髪

先程行った時と同じように、ロータリーを左

ロータリーに立つ距離標識とメインストリートを（右手に郵便局）

折してトンサ方面への門を右横に見て、マーケットへと入って行く。目指す床屋は斜め左前方にある。

郵便局を出て、暢びり歩いて、そしてマーケット内の店屋を少し見物して、五分後に、そこに達する。一人の男が椅子に坐って退屈そうにしている。先程居た青年僧とは違う。

こちらは入って行って、髪を切るジェスチャーをする。彼が英語を解するか判らないので、ジェスチャーで来意を伝える。彼は、

「イエス」

という表情をする。彼も口を開かないで表情でこちらに伝える。まだ二十歳になるかならないかという感じ。若い子だった。優しそうなちょっといい男だ。しかし先に料金を訊く。

「二十五ルピー」

彼は、ブータンの貨幣単位である「ヌルタム」を使わず、インド及びネパールのそれである、「ルピー」を使った。こちらは、『そういうこともあるだろう』と思っているので、顔色も変えずに、すぐに言い返す。

「二十ルピー?」

と値切ると、ひどく困った顔をする。そんな純朴そうな彼を困らせても仕方ないと考え、値切るのを止《や》める。

「ヒゲを剃りたいが、いくら?」

「十ルピー」

五ルピーとも聞いていたので、そのことを言うと、やはり困った顔をする。ここでもすぐに値切るのを止める。全く善人そうな彼を相手に値切るのは、罪悪だと思われて。

彼は外国人のこちらに対して、〝ボッている〟訳では決してなかったのだから。ブータン人に対しても言う一般的な料金を言っているに過ぎなかったのだから。

「ＯＫ、二十五ルピーと十ルピーで、三十五ルピーでお願いします」

鏡の前の椅子に坐る。そして、

「ショート」

ナワングに教えてもらったようにただ一言、英語で言う。大体、ブータン人は英語を解するという。そして彼もその言葉を理解した。

鏡に写るこちらの髪を手で挟み、

「これ位か？」

と示す。私はもっと短くていいと思い、

「モア・ショート」

そして、

「ライク・モンク（僧侶のような頭に）」

その言の意味が通じたかどうか判らぬが、とにかく彼は、

『短くしても大丈夫だ』

と覚ったようで、櫛とハサミで刈り出した。坊主頭でいいのだから、電動バリカンを使うと思ったが、彼はより丁寧にやる為か、ずっとハサミと櫛を動かした。

ハサミの音が心地良く響く。鬱陶しかった髪がどんどん周りから刈られてゆく。

そして、耳上と、後ろスソ辺りが刈り上げられた時、

「これでいいのか？」

彼はこちらに確認する。中央辺はまだ残されている。全体を坊主様にするとは思っていなかったらしく、改めて切る前に確認する。私は前髪も中央部も残っていることに、

「違う、全部刈っていい」

彼はそれで得心して、前髪から中央頭頂部の髪も刈り出す。

すべてハサミで切るのだから大変だと思う。私は日本に居る時はいつも、自分で電動バリカンで坊主にしていたので比較的簡単に刈れていたが、彼は丁寧に鏡を見ながら、全体のバランスを考えて刈っていた。

約二十分も刈り続けている。第一印象そのままに、ひどく真面目な青年だった。

ほぼ髪を切り終えると、次にヒゲを剃り出す。日本でなら、まず温タオルを鼻下とアゴに乗せて、そのヒゲを柔らかくするが、ここでは何もせず、ただシェービングソープを塗ってゆく。鼻下とアゴにそれを丹念に付け、やにわに専用カミソリでヒゲを剃ってゆく。

あまり濃くないこちらのヒゲでも、かなりの反発があり、剃るのに力が入る。考えようによってはこれだけのことをやってくれて、十ヌルタムでは安い位かも知れない。

こちらは坐ったままの姿勢だ。日本では椅子がリクライニングして、ほぼ真横になった状態で剃られるが、ここでは坐ったままなので、彼はやりづらいと思う。

しかしそれがいつものことだから、その手つきは慣れたものだ。鼻下のヒゲを剃り、次にアゴ下のそれを剃る。

〝ゾリゾリ〟

という音と共に、それが剃られ無くなってゆくのが判る。

同じ処を二度三度とカミソリを当て、より剃ってくれる。それでも日本のように指でヒゲを浮き立たせるように、皮膚を抓《つま》み張るようなことはしないので、いくらかの残りは感じるが、それは仕方ない。

肝心の髪の方はきれいに刈られ、坊主様になったのでホッとする。ヒゲ剃り後、クリームを顔に塗ってくれて、それから髪の方の最後の調整をする。ハサミでチョキチョキと空打ちして、それから鏡を覗き込んでいくらか凹凸のある処を一律に合わせてゆく。

『これだけやってくれれば充分』

と思いながら、彼の手の止まるのを待つ。

そして刈《や》り始めてからちょうど三十分後、それは終わる。三十五ヌルタム支払う。そして、

「あなたの写真を撮りたい」

と申し出る。しかし彼は俄かには理解できない風をする。確かに普通には予測できない言葉だろう。彼もまた英語の理解力は、自分の仕事に関係する最低限の単語しかなかったのかも知れないのだから。

私はカメラを取り出して、ジェスチャーと共に言う。それで何とか彼はこちらの言いたいことを理解する。

「ＯＫ」

と彼も表情をつくる。それで建物内で一枚撮る。そして、

「住所を書いて欲しい」

と頼む。

「何か紙に書いてくれないですか?」

しかし彼は一向にそうする様子はない。こちらの英語を理解できないようだ。それで、書く動作をする。すると、解ったようで、隣室への内扉を開けると、そこに入って行く。

数秒後、紙とボールペンを持って出て来る。

しかし自らが書こうとはしない。それですぐに理解する。まだ若い彼であったが、学校に行くことが義務教育でない為に、たぶんその年頃に彼もまた通うことはなかったのだろうと。通わなくとも立派に収入を得る理容という技術を身に付けたのだから素晴らしい。

それでマーケットの内庭（空地）に面してある、その建物の入口上に架かる屋号とも言うべき看板を見て、私自身がそれを読んで、紙に記してゆく。

“TENZIN DOLMA BARBER SHOP CHAMKHAR”

外に出たついでにその看板と共にもう一枚、彼を撮る。こういう極めて真面目そうな青年を見るとひどく愛《いとお》しくなる。たぶん〝悪事〟とは無縁の一生を送る人と思う。良い男と触れ合ってこちらの心まで優しくなってゆく。

散髪してくれた青年。店（床屋）の看板と共に

三時二十六分、そこを出ると宿へと戻って行く。

ロータリー前を通り、小橋を渡り、道なりに右カーブして、ジャカール・ゾンへの岐れ道を直進する。この間、数人の人たちと擦れ違うが特別坊主頭のこちらを注視する者もいない。そういった意味でもこの国は旅行し易い。

マウンテン・ロッジ最終日の夕食景

宿には同四十八分に着く。

すぐに部屋に入り、シャワーを浴びる。目的は頭を洗うこと。かなり短くなって、それで気分は良くなる。

やはり坊主頭はいい。それが一番好きな髪形だ。可能なら一生その形にしていたいが……、現実には難しい時もあるので。

もう外出しない。こちら自身の休養にも当てたい。この旅行に出て初めてのリラックスした時間《とき》を送る。

ストーブに薪をくべて、部屋を暖かくする。夕食の七時三十分まで部屋内で過ごしている。

そしてその時刻に夕食を摂り、チャムカルの時間を終える。明日はプナカへ向かう。

《チャムカル市内見物、走行距離、六十二㎞。

計千七十一㎞》

プナカへ

八月十二日（土）。

チャムカルのマウンテン・ロッジの朝食は七時三十分から。昨朝と同じ、トーストに玉子、そしてバター、ジャム、チーズ、コーヒー、紅茶というものだ。

十二分で食べ終え、二階の部屋に戻り、荷物を整える。八時出発、という予定にしている。

同五分前には建物前に駐まる車の処に行く。いつも通りクンサングは車《それ》の掃除を終え準備は完了している。これはひどく気持ちの良いことだ。車の都合で出発を待たされたことは一度もない。

ナワングもやって来て、七時五十七分に宿を発つ。早い分には問題ない。一昨日のタシガン→ブムタンの行程に比べれば、行程距離も短く、精神的に楽である。但し今日はちょっと小雨模様。

八時ちょうど、村中のロータリーを越え、そしてマーケット横脇の門をくぐって行く。それでチャムカルの村も後方に去る。

良い村だった、と思う。限りなく暢びりと出来て。モンガルやタシガン、そしてトンサに比べてもこのチャムカル村は、雰囲気的にも旅人を落ち着かせる村《ところ》のように思う。小じんまりとまとまっていて。そんな村が後方に去って行く。

八時十六分、キキ・ラ（パス《峠》）通過。

モンガルを終え、そしてブムタンも終えようとしている今、道路状況の最悪箇所は通過したのではないか、という気がいくらかしている。まさかここまで来て、ストップさせられることもあるまいと思っている。できることなら小さなぬかるみもないことを祈っている。ナワングにしてもクンサングにしてもそうだろう――しかし彼等はそのような状況に遭遇すれば、再びやはり靴を脱ぎ、靴下を脱いで、それに対処してゆかなければならない――。そのことを思うと、より一層道質の良いことを願うばかりだ。もし再び遭遇すれば、こちらは彼等二人に対して、申し訳なく思う以外ないのだから。

「明日は道すがらにある民芸品店に立ち寄る」

と言っていた、その店に八時二十九分に着く。CHUMEY 村という。村と言っても、いつもの

CHUMEY 村，民芸品店

ように数軒の民家が道路脇にポツンポツンと見え――見え出したのは同二十五分頃だったが――るだけだ。

ここではしかし、駐車場を兼ねる空地を前にして三軒が連なっている。民芸品店はその右はじにある。

この地方独特の織り方をした布地――それは店の外の壁や窓前にも掛けられているが――の数数やアクセサリー類、壁掛け、置物等が並べられている。ここも見物箇所の一つなら、何ものかを購入すべきなのかとも考え――それにもう、この旅行の半分以上を終え、〝土産物を入手してもいい〟という、気持ちに余裕が出て来たこともあって――、ちょっとそれらを真剣に見つめる。そして一つだけ、ネックレスというかブレスレットというか、とにかく、「ヤクの骨で出来ている」というアクセサリーを一つ購入する。店の女主人は、

「病気」

ということで、奥から出ては来たが、店内の一隅でずっと横たわっている。

クンサングがこちらにそのことを伝えたが、そんな彼女を見て、あまり値切るのも憚られて、その交渉を少しで切り上げる。少しだけの値切りで、購入する。相手が不完全の状態ではその交渉に身は入らない。そんな相手とは、値切りのゲームをしても不本意だから。

八時五十五分、民芸品店前を発つ。

三分後、村の中学校前を通過する。この辺りでは人々の姿は多い。土曜日なので〝朝の市場〟

か何かが開かれるのかも知れない。

この辺りもここまでと同様、山間地帯だが――こんな処にも――電線が走っていて、電気が通っていることを知らされる。電力の供給は豊富なようだ。山が連なり、豊富な雨水を利用しての、水力発電の為のダムがあるからだろう。自然の恵みを利用して、それを有効に活用している。電力《それ》は隣接する北インドやバングラデシュにも輸出されていると、確かナワングは言っていた。

そんなことで、こんな田舎道にはちょっと不釣合いな変電盤が道端にあるのも不思議ではない。

小橋が九時二分、同三分とあり、同十一分、同村に属すると思われる最終の民家があって(ブムタン域が終了して)、暫く山間の中となる。

次に家が見えたのは十一分後。道の右側に三軒がポツンとある。このようにポツンとあるのはナワングによれば、道路補修をする者達、すなわち「レイバー」の家なのだ。村でも何でもない、彼等の仮の住まいなのだ。「仮の住まい」と言っても、親子何代にも亘って暮らす家ということもできる。彼等は、彼等の多くは、「ネパール系、インド系」ということだった。ナワングは言外に、

「そのような仕事にはブータン人は就かない」

と、度々言っていた。日本で言うところの、所謂〝三K〟職だ。

九時二十六分、BONG《ボング》橋を渡る。これはやがてブムタン・チューとなる支流に架かる橋。

橋を越えることは基本的に、そこからは登り道となる、ということだ。山の斜面に沿って高度

霧雨に霞むヨートン・ラに建つチョルテン

を上げて行く。

道の片側は谷だが、そこにも鬱蒼とした木々の繁りがあり、視界を遮る。

モミやマツやヒノキ種の森の中を行く。朝霧、あるいは靄に霞む中を行く。

ボング橋を渡って十分後の九時三十六分、標高三千五百余メートルのヨートン・ラに達する。

ここでも霧雨。ちょっと底冷えのする感じ。往路でも通った峠だが、やはり止まってもらって下車する。

峠に建つチョルテン――ダルシンとルンタが今日もその周りにはためく――を再び写真に収める。この峠がどうやらブムタン県とトンサ県を分ける境のようだ。昨日通った、車で通る峠の最高地、トムシン・ラ（三千六百五十メートル）はモンガル県とブムタン県の県境であったようだ。峰を越える峠をその境とするのは理に叶っていると言える。日本でもそれを県境としている処は多い。

三分、止まっていて出発。ここまでに擦れ違う車は一台もなかったし、追い抜いた車も——勿論、追い抜いて行った車も——なかった。時刻的に早いこともあるが、この時季、このような峠を越えて行く車は少ない。

森の中を下って行く。クンサングは慎重にハンドルを操作している。彼の運転は、運転に対しては安心していられる。荒い操作をすることもなく、山中ではスピードを上げることもない。むしろその疲れからの居眠りを恐れていたが、これまでにそのような感じは一度もなかった。それはかつて車に乗る仕事に就いていた私をして安心させた。ひどく疲れている時、あるいは夜の走行時には睡魔に襲われた経験をもっていたからだ。

クンサングは一人でずっと運転していた。何回か、

「少し運転を代わろうか?」

と言おうと思ったこともあったが、それは余計なことだと気付いて、静かに助手席に坐ったままでいた。日本と同じ左側通行で、運転することに何の問題、支障もなかったが、今は客として居る身、逆に彼等に精神的負担をそのことによって掛けるのは憚られた。

右へ左へのカーブに、また凹凸の際のスピードの減速に身を委ねた。時にビデオカメラを回し、時にナワングの語る説明に耳を傾けながら。

今日はプナカ泊で、明日は順調に行けば首都ティンプーに戻れる。この旅行の終わりがいくら

か見えて来ている。残りの日々も事故なく過ぎることを祈りながら、揺れに身を任せている。

ヨートン・ラ→トンサ→ペレ・ラ

十時三十七分、ヨートン・ラを出てほぼ一時間。ジグザグのカーブの下り坂を行くと、トンサ村入口にあるガソリンスタンド前に到着する。停車する。

ガソリンスタンドと言っても、それ用の駐車スペースのあるような処ではない。ただ道端に給油機が二台立っているだけというものだ。路上駐車気味で、〝給油する〟といった方が正確だ。但しここでも車の往来はないから、それを急がされるということはない。

ほぼ満タンに近い三十五リットルを入れて、同四十八分、出発する。政府直系のガソリンスタンドということだから、どこで入れても料金（一リットル＝二十五ヌルタム）は同じなのだろう。

十数秒走ると、左手眼下にトンサ・ゾンの黄金色の屋根の連なりが見えて来る。

そしてさらに一分程走ると、見慣れた通りとなる。民家や店屋、ホテル等を左に見て少し走ると、往路に泊まった、「ノーリン・ホテル」に達する。

その前で停車する。ナワングもクンサングも降りて行く。何やら用事があるようだ。

こちらはそれを見て、やはり下車してホテル内にあるトイレを借りる。今は停電のようで、ロウソクの灯りで用を足す。

外はいい具合に霧雨も上がっている。ホテル前の三叉路に立つ赤色地の道標べをよく見ると、先程来た方向には〝GELEPHU《ゲレフ》（＝インドとの国境村）244km〟と書かれている。ということはどこか途中にそちらへの岐れ道があったということだ。いや、検問処前の坂を下って着いたのではないので、そちらはヨートン・ラ方面とは違う道なのだ。クンサングは燃料を入れる理由から、どこかで道を外れて、そのルートの方に入って行ったのだろう。

この村は、人々の姿はあっても、とても静かだ。車がほとんど走っていないということもあるだろう。しかし家から洩れ出る音楽のようなものもない。

緑色に塗られた小屋の窓から見つめる検問処の警官の瞳もひどく温和だ。ブータンのどの村も多くがこんな風情、暢びりとした、ひどく平和な空気を漂わせている。犬さえ、犬であっても、不審者風のこちらを見ても、吠えたてることはない。

十一時五分、出発する。

そして走ること六分、十一時十一分にぬかるみに埋まる。まさかトンサを出て埋まるなんて。しかしアスファルトでない限り、ちょっとでも雨が続けばこのような状況になる。

ぬかるみには既に若者が二人居て、その処理整地に当たっているが、その作業は遅々として進まない。彼等としても自分たちのペースでやっているだけだから、車の通行に便を与えようという気はあまりない。

ぬかるみに埋まって動けなくなると、ナワングとその若者二人と共に四人で車を押す。前進が無理と知ると、後退させる。しかし満足には動かない。深くついた轍に、例によって石を入れて行く。ある程度の距離に石を並べ、そして再びバックで動かす。

四人で渾身の力を入れて前方（運転席側）から後方に押す。靴が再び泥を被る。しかしそんなことは気にしてられない。

二度、三度繰り返し、その度新たな石を投入して行く。僅か十メートル程のぬかるみだが、脱けない限り、行程は進行しない。

一旦何とか後方には動き出す。そして状況の良い処に止めると、クンサングも下車して来て、ぬかるみのルートを慎重に探る。

そして最も良いと思われる轍に石を大量に置いて行く。ナワングと彼が主導して、石を入れて行く。作業員の若者二人は大して積極的ではないが、しかし言われれば石を持って、そこへ入れて行く。

そしてある程度の予測をつけて、クンサングは再び車上の人となるとエンジンを一杯にふかせて、再度進行に挑戦する。

今度はギリギリで動かし続けて、何とかその十メートル余りのぬかるみを脱け出す。

こちらはホッとして、先方で進み止まった車の処に行く。脱けてしまえば、あとは普通に自然に走ることができる。十一時十一分から同二十五分まで、十四分間の停止。

同三十一分、マンデ・チューに架かる四十メートル程の鉄橋を越える。橋《そ》の低い欄干両側には赤、白、青、黄、緑色のルンタがはためく。渡って左折する。

車が動いている時は、助手席に坐っていれば良い。自ら口を開く必要はない。クンサングは常に運転に気を遣っている。ナワングは往きと比べれば、こちらに気を使うことはないが、しかしこの行程が仕事ということを心得ている。仮え眠くなっても、我慢しなければならない。

同四十分、トンサ・ゾンを望む展望処に着く。ここには、ここから見えるパノラマを描いた大きな絵がある。山が、ゾンが、そして山を縫うように延びる道が、雲が、濃淡のある木立ちが描かれている。ナワングとクンサングがその絵を見て、実際の方向を指差して、説明してくれる。

十分後にそこを発つ。

今朝、チャムカルの宿を出る時は晴れていた。しかしキキ・ラ・パスを越え、さらにヨートン・ラと高度を上げて行くに従って、少しずつ天候は崩れていった。いや霧雨がその峠辺まであったと言った方が正確だ。

トンサの村中に着いた時もそれ程良い天気ではなかった。しかし問題はその日の天候ではない。問題は道路状況なのだ。快晴であっても道路がぬかるんだままであれば、それは雨降りの日と何も変わらない。そんな道を前方に発見すると、瞬間身が引き緊まる。これはここまでのことから仕方ないこと。

今は雨季だが、八月には変わりない。この辺りの木立ちの中から虫の声が盛んに聞こえてくる。

ナワングが、

「スカダ」

と言う。〝スカダ〟の意が解らずに、スペルを聞くと、

「C.I.C.A.D.A（シー・アイ・シー・エー・ディ・エー）」

と、一語ずつ切って教えてくれる。

どうやら、「セミ」のことらしい。彼にはその音は聞き慣れているもののようだ。

だが日本のそれとはいくらか違っている。いや私の耳には、私の知るセミの鳴き声（羽音）とはちょっと違く聞こえる。

とにかくそれが多くの木の間越しに聞こえる。

十二時二分、TSHANG KHAR村に入る。ずっと靄の中を進む。牛や馬が、道端を歩く。暢びりした光景だ。牛はクラクションを鳴らしても大して動くこともない。ずっと霧靄の中に居る。

同十三分、小橋を越える。ここより同村を離れることになるのか。

三分後、道路工事現場を通る。コールタールの為の火を燃やす、少々大きな工事現場だ。作業員も十人以上居る。一日に何メートル進むのだろうと、ふと考えてしまう。

同二十三分頃からの間に、三つ四つと左、山側の肌に細い流れの水の落下を見る。

同三十二分にやはり一条のそれを見て、同三十五分、DANGLA村に着く。この村にはイモ畑が多く、また家内作業として、竹細工が盛んという。ということは竹も多く植わっているということだ。

CHENDEBJI CHORTEN

同三十八分、同村を抜けて行く。

同四十九分、CHENDEBJI CHORTEN《チョルテン》前に停車する——このチョルテンは十五世紀に建てられたという。

「ランチタイム」

ナワングは言う。しかしちょうど雨が激しく降り出す。

下車すると、同チョルテンの改築工事の為の作業員用のテントに小走りに行く。ここがその場所と決められていたから、雨でも取り敢えずランチパックを持って、そちらへ行く。

テント内には一人の男が居たが、ナワングとクンサングが何か言うと、好意的にこちらに彼等の椅子を提供してくれた。

テント内、脇にあるテーブルにランチパックを広げてゆく。雨は結構激しく降っている。テントがあったお蔭で、それが凌げている。

メニューはいつも通り、白米におかず三～四品である。ここで初めて「ヤク」の肉を食する。固いがそれは燻製《くん》の肉《もの》だったから、そうなのだろう。ただ思い出、経験としては食べる価値のあるものだ。

四十分程テント内に居て――勿論、腹は満たされている――、再び小走りに車の処に行き、先へ進める。雨は小雨となったが、降り続いている。

一時三十二分、チェネシン村に入り、通過する。道の両側に民家が散見される度に後部席を振り返ってナワングに訊いている。彼にはブータン全土の村名が頭に入っているようで、その都度、口ごもることなくその村名を答えている。この「チェネシン」村の時もそうだ。こちらのガイドブックの地図には勿論その名は載っていない。

村の入口にその村名を記した何ものかでもあれば、彼が答えるのも当然だが、この国ではそのようなものはほとんど見掛けない。

民家が見えなくなって、暫くそれが見えずにいると、勝手に一つの村が終わったと推測する。

同四十五分、十メートル程のニカ・チュー橋を渡って左に曲がると、すぐに左側に民家がある。その軒先下に竹カゴが置かれている。

「ここも竹細工で有名な処だ」

ナワングが言う。そしてその軒先前に車は止められる。

ナワングが下車して、その竹細工を見つめる。店も兼ねているようで、家の中から主と思われ

ニカ・チュー橋の近くにある竹細工店。品選びをするナワング

る男性が出て来る。

ナワングと言葉を交わす。こちらもそれを見て、下車して行く。

ナワングは何か購入したいものがあるようだ。二十センチ四方の四角なフタ付きのカゴを買う。丈は十センチ位。私もそれに駆《か》られて記念として小さな円柱（経十センチ、丈十五センチ程）形のカゴを購入する（十ヌルタム）。特別何かに利用するというのでもない。ただブータン製の竹細工として、土産物として。

ニカ・チュー橋を渡って左に曲がったが、右に折れて行くと、かつてのこの国の村の姿を濃く留《とど》めている「セフー」村に至ると言う。〝色濃いブータン〟とはどのようなものか興味があるが、今回はそちらには足を伸ばせない。たぶん家屋の形とか人々の着ているものとかが、そういったものなのだろう。しかし私には今通《とお》っている村々の家屋でも、人々の姿形でも充分、この国を実感できている。日本と比したら、その素朴さの違いは大きなものだ。

ニカ村の竹細工店を一時五十三分に発つ。再びいくらか登り道となる。

二時一分、ルクジー村に入り、左側少し向こう平地に、学校の建物を見る。

同十一分、同村の家屋が見えなくなる。

ペレ・ラに建つチョルテン

高度が上がって行くにつれて、靄が掛かり、フロントガラスに水滴が当たる。小雨模様となっている。

二時二十九分、ペレ・ラ（三千三百五十メートル）に達する。靄が一段と濃い。数メートル先も見えない。

ここでも少し止まってもらって写真を撮る。峠は区切りの意として、良い気分を通過者に与える。

しかし小雨も降り出したこともあって、二分後には出発する。

leech《リーチ》（ヒル）

下りの道の両側には春になると、色とりどりのシャクナゲの花が咲くという。このブータンではその花の各種が各所に咲くという。たぶんその頃訪れたら、とても綺麗で、今とはまた違った〝ゆたかさ〟を旅行者《みる》に与えることだろう――そういえば、今利用している旅行会社名の、「エトメト」とは、そのシャクナゲという意味だ。

二時五十九分、左側の上斜面で崖崩れが起こっていて、道に石が散乱している。アスファルトの表面は全く見えない。クンサングはその少し手前で車を止める。

ナワングがいつものように下車して、その様子を見に行く。通行に邪魔な石は取り除いてゆく。いい具合に彼一人で動かせる程の石しか落ちて来ていない。クンサングは車を発進させる。

三時三分、そこを通過する。四十メートル程あるその落石域の向こう側端でナワングを乗せる。

「Very Risky」

彼は何度となく言った言葉をここでも繰り返す。クンサングもまた。

ここまで来ても――モンガル→タシガン間からは遠く離れたとしても――まだ完全にはその危険地帯から脱け出した訳ではなかった。山道を行く限り、雨季であればその危険《リスク》は付いて回る。

ナワングが石を退《ど》けている時、こちらも下車して、道端の草やぶに入って小用を足している。そして少し走った時、何気なく左腿に目をやると、見慣れぬ黒い小さいものがあるのを知る。ちょっと見はナメクジみたいだ。それを少し大きくしたような黒紅色の物体。初めて見るもので、何だか判らず、しかし自分では触れることができず、運転するクンサングに声を掛ける。

「これは何?」

彼は、こちらのジーパンの上に乗るそれを見るとすぐに、

「Oh! Leech《リーチ》!」

一昨日、運転する彼は素足部分の――彼もナワングも民族衣装の〝ゴ〟を常に着ていて、つまりスカートを穿《は》いているのと見た目は同じで、下半身の膝から下は靴、靴下の処以外は露出している――脹脛《ふくらはぎ》から出血していた。それは〝リーチ〟によって為《な》されたものだった。その少し前、彼はトイレの為に木立ちの中に入っていた。

この辺りの木々には多く居るようで、草やぶに入る時も注意しなければならないのだ。しかしまさか車道からほんの少し入っただけの草やぶにそのような吸血虫が居るとは想像もしなかったので、その時は気分良く小用を足していたのだが……。

そのリーチが腿に乗っている。リーチとは、つまり「蛭《ヒル》」のこと。日本でもその言葉は聞いたことはあったし、血を吸う虫だということも知っていたが、現実に見たのは初めてで、それを素手で摑んでいいのか判らず、クンサングに手助けを求めたのだ。

それを見慣れている彼には何でもないようで、車を止めると、身体をこちらに向けて素手でこちらの腿からそれを抓《つま》み取ってくれた。

「小便をするのも、Very Riskyだよ」

クンサングは素手の掌に乗せるそれをこちらに突き出しながら、ちょっと笑いながら言う。ナワングも面白そうに笑っている。「リーチ」と聞いた途端に、こちらが少し慌てたことが面白かったのだ。

もしそれが毒性のないものなら、彼等にとっては、蚊に刺されるのと同じ感覚なのかも知れない。私としても、蛭は蚊みたいなもの、と思ってしまえば大して恐れることもないのだが。

「この辺の木々の中には沢山、リーチが居る」

クンサングは改めて言う。いろんな意味で、この時期に一人で行動するのは危険が多い。確かにそれはそこかしこにあるようだ。

そのリーチが小用中のいつに、腿に乗り移ったのか全く判らなかった。幸い、吸われる前に取り除いてもらったので実害はなかった。クンサングは暫くそれを持っていて、そして走る車から窓外に投げ捨てた。

「山を行くトレッキングの時には常にそのリーチに対して神経を使っていなければならない。何しろ山中でテントを張って眠るのだから」

ナワングは度々、トレッキングのガイドもしている。彼はこの国のほとんどのトレッキング・

ルートを歩いているようだ。多くのそのことの経験をしている。

三時四分に蛭を取ってもらって、三分後、再び崖崩れ現場に達する。小石が散乱している。しかしここではナワングも下車することなく通過できる。斜面を見ると、今にも崩れて来そうな大小の岩石が露出している。日本でなら通行禁止になってしまうだろう斜面状況の道路だ。

同二十二分、NOBDING村に入り、一分程で家並が切れて通過。どんどん先に進めて行く。

同四十五分前後にまた、道端脇に滝の落ちるのを数カ所見る。細い流れの時、その辺りを濡らす程度で、車の進行にそれ程影響はない。

同五十七分、SHA《シャー》村に入る。この辺りを〝シャー渓谷〟という。これまでの村でも、同じようなことが言えている。「〜村」と言う時、「〜渓谷」にあるから、その名称の、〝〜〟が冠されるのだ。家々がある辺りが当然、村、であるが、しかし仮え家々が無くても、その辺り一帯の渓谷には、ちゃんと名称は付いている。山の連なりが国土のほとんどであるこの国では、渓谷は重い意味を持つものであり、そのそれぞれに名称は付されている。

四時五分、「シャー・チョルテン」前を通過する。五分以上もシャー村の内を走っている。

二分後、前方に何かを発見して、ナワングが口走る。

「モンキーがいる」

私はすぐには判らない。しかし車の進行と共に、彼の示す方向を見ると、それを確認することができる。

野生の猿の群れの数匹が道路端を歩いている。子猿のような数匹はこちらの車の近付くのを見て、車道から逃れて草むらに入って行く。親のような一匹だけが、車の間近な進行まで道端に居る。エサを求めて人里まで、下りて来たようだ。この辺りの猿には自然のエサは豊富なように思われる。人間の乗る車に――それがそばを通っても――、然程の関心は示さない。

そこから少し行くと、人の歩くのを見る。そして、右側に民家がポツポツと四軒見えてくる。「シャポー村」と言う。ここにも人の姿がある。右側の平地は水田になっている。このような処ででも米が穫れるようだ。

同十分、十五メートル程の橋を渡る。渡ったことでタン・チューが車窓の左下に見えるようになる。緩い登りとなる。

四分後、左手川の向こう、棚田の一画に鹿を見る。これもナワングが言って、その存在を知ったことだ。

「バッキン・ディア」

と叫んだからだ。私には当初、あまりに距離があって、そう言われても確認できなかった。それで車を止めてもらって、ビデオカメラの画面《モニター》を通して――それを二十倍の望遠にして――僅かに動く野生のそれを視認したのだった。

それは足を折り曲げて田圃の一隅に坐っていた。一匹だけがまるで休息でもしているかのように坐って――人に発見されても問題ない程に離れた処に――居た。その周囲に家の影は見えない。

二分止まっていて、走り出す。

一分程すると左手に、川に張った長さ六～七十メートル程の吊り橋を見る。

そして少し走ると、黄色の欄干の小橋がある。その橋を渡ると家並がある。「チョゾン村」と言う（四時十九分）。

道を猫が横切る。犬の姿はこれまでに多く見たが、猫を見るのは初めてだ。確かに家で飼われているものなら――野良猫でない限り――、犬のようには外に出ることはあまりないだろう。道脇を小さなそれが動いて行く。

左側眼下、川べりに、「ホテルが建っている」とナワングが言う。そちらを見降すと、確かにこの辺の風情とは似つかわしくない小綺麗なそれの屋根等が見える。

四時二十二分、再び猿を見る。今度は一匹だけ、道端に出てくる。ちょっとこちらの車を見

車道に出て来てこちらを見つめる猿

つめている。車が近付いても、逃げる風はない。お互いがお互いの分を弁えている時、その関係は良好に保たれるようだ。

同三十五分、WANGDI《ウォンディ》 PHODRANG《フォダン》村、到着。タクシーの溜まり場などがあって、トンサやモンガルより大きな〝町〟という感じだ。家並も結構続いているし、人の歩く姿も多い。往路には気付かなかったことを復路で発見する。

五分後、サンコーシュ川に架かる百メートル近い鉄橋を渡った処にあるポリス検問処前に止まる。

この辺りが標高千三百メートル程で、タシガンやインドとの国境辺、そしてリンミタン辺を除けば、この国で最も低い土地と言う。

兵隊を乗せた大型トラックが四台、橋を渡った左側に止まっている。そちらは南へ行く方向だ。頭をこちらに向けているということはイン

ウォンディ・フォダン村への出入口にある鉄橋と，上方にゾンを望む

ウォンディ・フォダン村出入口にあるポリス検問処。前方はインドへと至る道

ド（SARPANG《サルパン》）方向から来たようだ。道路にも迷彩服姿の男達が大勢居る。

五分後出発。右側にサンコーシュ川を見て走る。

同五十二分、川の向こうに赤い屋根の連なりを見る。

「ハイスクール」

ナワングは言う。この辺りから少し急な登り坂となり、川から離れて行く。

そして三分後、道を左に折れて、砂利道を登って行くと左側に、「Y.T HOTEL」との看板を見る。そこへの道を折れて行く。

四十メートル程前方にその建物を見る。このホテルの〝格〟を示すかのように、その入口には寺院のそれと同じような門もある。

五時前に、その宿泊先に入る。こんな早い時刻に入るのは、第一日目のティンプー以来だ。まだ明るい。

ここがプナカでの宿である。地区的には、"LOBEYSA"になると言う。ウォンディ・フォダンからは八kmの処で、むしろプナカよりそちらの方に近い。

比較的新しくできた宿で、設備も良いというので、ここにしてくれたようだ。

確かに建物内に入ってみると、部屋の広さも、部屋からの眺めも良く、またバス（トイレ）も清潔で広い。食堂も小綺麗で、二十人程が一度に坐れるだけのスペースがある。

《チャムカル→プナカ、走行距離、二百五十km。計千二百七十六km》

西部ブータン

プナカ、石割りのおじさん

荷物を置いて小一時間後、まだ明るいので散歩に出て行く。こんなこともティンプー以来だ。それまでは宿泊地に到着したのが、いずれも日が暮れてからだったので、部屋に入ったらシャワーを浴びて、夕食を摂ることを常としていたから。

本道に下《くだ》り出て、車が来た方向とは逆の方向へと少し歩いて行く。一分も歩くと、道が左にカーブしている。そのコーナーに、その道端に坐って石を割る仕事をする男達が居る。

その前を通ってさらに進んで行く。いくらか登り道になっている。さらに百メートル程行くと、緩く右にカーブしている。右道端に〝Wangdi 8 km〟というキロメートルポストの石標がある。

これ以上進むのもキリがないので、引き返す。六時に近く、そろそろ日も暮れかけて来たから。

戻り道で先程の石割りの仕事をするおじさん達をカメラに収める。

「撮ってもいいですか？」

道端で石を割る男達

と問うと、

「いいよ」

とジェスチャーをしたので。

ナワングに言わせれば、彼等も「レイバー」なのかも知れない。いや正しく、〝レイバー〟だろう。

一日中道端で、ハンマーで石を割り続ける仕事というのも、どうなのかと思う。単調な作業だと思う。

しかしもし私がこの国に「レイバー」の子として生まれたら、やはり同じように毎日毎日決められた時間内を、そうして（石を割って）過ごしていたのだろう。それなりに自分なりの楽しみを、生き甲斐を見つけて。

六時五分に、宿に戻っている。

夕食は七時三十分から。一人その食堂に入って頂く。メニューは、①骨付き鶏肉、②じゃがいもの煮付け、③いんげんと人参の煮物、をおかずとして、④白ごはん。そして⑤スープに、食後の紅茶である。この宿でも一人分としては多くの量が各皿に乗っている。この国に来て、その食事では常に満足している。量も味も満足ゆくものばかりだ。

三十分程で終え、部屋（二階にある）に戻り、一日を終える。いやそのあと、従業員の男に頼んで民族衣装のゴを着る処を見せてもらう。

基本的には日本の着物の着方と同じだ。但し、ゴの下に着るテゴは従業員は身に付けていない。テゴ（白い襦袢）を付けるのはもっと正式な場合であり、普段労働する場合にはそれは付けない。従って、単にゴだけの着方を見ただけだ。

一番テクニックを要するのは、ゴの前を合わせてそれを膝までたくし上げる時だ。上げたゴを脇下に持ってゆき、余った部分を後ろ手に折り込んでゆく時だ。

うまくその襞を押さえて、ケラ（帯）を巻きつけなければならない。馴れないとひどく不恰好になると思う。ブータンの人は男も女もそれこそ、ほんの小さい時から着始めているので、誰も上手だ。

従業員の男も襞を整えたら、サッサッとケラを巻きつけて完了してしまう。腹の処がちょうどポケット様になれば——そこがそう形を整え終えられれば——終了だ。

それをビデオに収めるとお礼を言って、それをやってもらった食堂を出る。

民族衣装がこの時代にも残され、それが多く一般的に着られている国は少ない。そういった意味でもこの国の習慣は、これからも長く残して欲しいと思う。

日本の旅行代理店が一応の目安として書いてくれたスケジュール表の、「プナカ」での一日も無事終了する。明日はいよいよティンプーだ。そこに着けば実質この旅行も終わることになる。そこからは埋まる程の道悪な処もないと思う。


「朝食は七時三十分から、そして出発は八時三十分」

いつものように前日の夜に、ナワングと翌朝のスケジュールを決めている。

この国では大体その時刻通りに朝食を含め各食事《そ　れ　ら》は用意されていた。従ってこのプナカの宿でも七時三十分に食堂のテーブルに着くと、その二分後にはトーストが運ばれて来た。紅茶とミルクも同時に供された。ここではハチミツとジャムの壜が既にテーブル上にあり、トーストが来たらそれらを塗って勝手に食べられる。バターも後に運ばれて来る。ヨーロッパスタイルの朝食だが、特別それに問題はない。私にとって食事とは、空腹が満たされればいいものであるからだ。味はごく普通のそれでさえあればいい。

十分程で終えて部屋に戻り、荷物の整理をする。大して整理する程のものもない。ビデオとカメラの、それぞれのフィルムの予備をカメラバッグに入れておけばいい。

八時二十五分に宿の内庭に駐まる車の処に行くと、既にこれもいつものようにクンサングが車内の掃除を終えて、エンジン関係の点検も終えている。彼は本当に職務に忠実な男だ。いつだってその朝は気持ち良く助手席に坐れている。助手席の足置きのゴムカバーが汚れているということは、その始まりの朝については一度もない。彼は煙草も吸わないので――ナワングは一日五本位吸う――運転席やダッシュボードは綺麗なままだ。運転しながら、モノを食べることもない。いや食べることも嚙むことも、飲むことも吸うこともない。私には――私もそうなので――ひどく気持ちの良いことだ。

同二十六分、宿を発つ。朝の出発はいつも清々しい気分と共にある。

本道に下り出て、昨夕歩いた道を行く。

最初の左へのコーナーには、石を割るおじさんの姿が既にある。今日も夕方六時頃まで、日が暮れる時まで、その石をコツコツと割り続けているのだろう。いろいろな人生がある。

プナカ・ゾン

宿を出て三分後、直進すればドチュ・ラ経由でティンプーに至るという三叉路を右折する。今日はプナカ・ゾンを先に見学するので、まだそのルートは択らない。見学後に辿る筈だ。

宿を出て十分後、テビロング・チュー橋を渡る。

そしてそこより八分後、KHURU THANG 村に入る。左手、崖上にジュニア・ハイスクールの建物を見る。

二分で同村を抜ける。進行方向右側に、サンコーシュ川の流れがある。それに沿って走っている。

同五十一分、左側に「プナカ・ハイスクール」の入口門がある処に車を止める。道を挟んだちょうどその前の処が、「プナカ・ゾン」を見物する一つの展望地点に当たっている。

ここはちょうど右からの〝ポ川〟と、左からの〝モ川〟の合流――合流してサンコーシュ川となる――する処。そのような三角地点にゾンが建てられている。

川の氾濫によって、度々ゾンにも被害が及んでいると言う。確かに、川が自然の濠となっていて防禦上は良いかも知れないが、もう少しゾン自体が高所にないと、簡単に水を被《かぶ》ってしまうだろう。

車道を横切る。

道《そこ》からは二～三十メートル程の木立ちの中を行かなければ、川辺には着かない。

「川の処まで行って写真を撮って来てもいいよ」

ナワングが言う。その言葉を聞いて、一人そちらへと歩いて行く。クンサングと彼はそこまでは入って来ない。何度も見ている光景だからだろう。

三角地点の先っぽに、監視小屋がある。どちらの川から来ても、すぐにそれを視認することができる。

ゾン自体はその屋根から、三つの建物から成っていることが知られる。このゾンの屋根も黄色

モ川越しに望む，プナカ・ゾン

く輝いている。

九時にそこを出発する。その動き出す前、

「このハイスクールに私は通った」

ナワングは言う。彼はティンプー出身と聞いていたので、そのことを言うと、

「ハイスクール時代は寮に入っていた」

彼の居た頃より生徒数は増えたと言う。それだけ教育を受けさせようとする親が増えたということだ。彼はまだ二十歳代後半だから、この十数年余の間にこの国の教育事情は大きく変化している。そしてそれは現在に於いても。

プナカ・ゾンへの吊り橋を望む駐車場には二分後に達する。クンサングは車に残る。私とナワングがそちらへと向かう。

駐車場は、この近辺に住む人々の公園のような雰囲気もあって、多くの人たちの姿がある。車そのものの駐まる台数は大したことはないが、どうやら近距離へのマイクロバスの発着点、そして軽ワゴンのタクシーのターミナルも兼ねているようで、そういった車が幾台か見られる。クンサングが車に残るのは、安全な国と言っても、念には念を入れる意味もあるようだ。

私とナワングは、駐車場からゾンへと延びる遊歩道を下って行く。

吊り橋の長さは二十五メートル程。

それを渡る。すぐにはゾン内には入らない。ゾンと隣接する「ゾンチュン（小ゾン）」を外から見て、それ等をカメラに収めて、一旦車に戻る。ナワングが、

「ゾンの中にはカメラは持ち込めない」

と言ったので。

クンサングの居る車にそれを置いて、再び吊り橋を渡って行く。

右手にゾンへの入口がある。門番が居るが、

駐車場側から，吊り橋とゾンチュン

ゾンチュン前から，モ川に架かる吊り橋の眺め

何も言われることもなく入る。ナワングは正装である〝カムニ（幅広の丈の長い白い布）〟を肩から掛けている。顔貌はほとんど同じだが、ゴを着ていない私《こちら》は明らかに旅行者で、ということはナワングをガイドと認識したからだろう。

ゾン内部には九時十三分に入る。ちょっと傾斜のキツイ階段があり、登って行く。

登り切ると、ここにもチェックの僧侶が居て、外国人旅行者にはカメラの有無を問い掛ける。

私はそれを置いて来たので、

「ありません」

口頭で答えて、そこを越える。

最初に内庭に入る。両側を建物が囲んでいる。先方にもそれが建つ。

入ったすぐの処に大きな菩提樹が立っている。また正面に巨大な塔がある。真っ直ぐ進んでそこを抜けて、第二の中庭に出る。

ここには全体に寺院が建ち、従って空間が少なく、中庭という感はあまりない。

その先方の建物を抜けると、第三の中庭があり、正面に建築中の講堂がある。一九八六年の火災——ロウソクの火の不始末が原因と言う——から十四年も経つが、まだ完成していない。現実に工事を開始したのは六年前からと言う。

そしてさらに、完成まで、

「あと五年かかる予定」

とナワングは言う。建物内の正面には大仏像が造られている。

「この仕事にはブータン人のみが関わっている。専門的な知識を要するので、全員が美術大学を出た者か、現役の学生」

と言う。この建造にはインド人もネパール人も関わっていないと。

ブータン人でなければ造ることはできない、不可能だ、とも言う。それはちょっと誇らし気な表情で。いや（つまり）、ブータン独特のものに対しては、ブータン人でなければならない、ということを言外に言っているのだった。

大仏《それ》を造るハシゴが掛けられ、足場がいくつも築かれている。彼等はその足場の上で、その作業に当たっている。

建物も大仏も、まだ素木のままだ。何も色付けはされていない。それが却って清々しい。

ゾンには十五分間居て、急な階段を今度は下って、外へと出る。色とりどりのルンタのはためく吊り橋を渡って、クンサングの待つ車へと戻って行く。

九時三十一分に至り、少し休んで、同三十八分、駐車場をあとにする。プナカでの見物も終わる。あとはティンプーを目指すだけだ。

大迂回、そしてナンバープレートの意味

プナカ・ゾンを出て十七分後、テビロング・チュー橋に達し、渡る。

そして三分走って、左手小丘の上に建つ〝Chimi《チミ》 Lhakhan《ラカン》〟を望む処でクンサングは車を止める。そのラカンと、ちょうど目にした枝に止まる「マイナ（＝ムクドリ）」を、こちらにカメラに収めさせるために。クンサングはトイレに、草やぶの中に消えて行く。

枝に止まるマイナ（右下）と，チミ・ラカンを望む

二分後、出発する。そして四分後、ティンプーへの三叉路に達し、右折する。右折して少し走ると、対向車が多くなる。それも大型バスが。

「インドへ行くバスだ」

ナワングが言う。

「えー、この道を通って行くバスなんかあるの?」

「いや、本来はティンプーからSIMTOKHA《シムトカ》→CHHUZON《チュゾン》→CHAPCHHA《チャプチャ》→BUNAKHA《ブナカ》→CHHUKHA《チュカ》を通ってPHUNTSHOLING《プンツォリン》に行くバスなのだが、そこへの道の途中でやはり橋が流されて、通れなくなったので、こちらに迂回して来たのだ」

地図を広げてみると、ティンプーから南にプンツォリンに行く道がある。雨季でなく、橋が流されていなければ半日で辿り着ける行程という。しかしその橋の改修がいつになるか判らない為に、ティンプーから一旦東にルートを択り、ドチュ・ラを越えて、ウォンディ・フォダンへの道を択り、そしてそこから南へサンコーシュ川に沿って下って、DAMPHU《ダンフー》へ行くという大迂回ルートを択らなければならないという。

ダンフーからインドとの国境村サルパンを経て、インド国内に入って、再び西進し、プンツォリン方面へ戻らなければならない。何という時間の無駄か。

「たぶん早くても丸二日。トラブれば、四日位かかるかも知れない」

「ビザは必要ないの?」

「ブータン人はインドに入るのにビザは要らない」

ブータンの村に行くのに一旦インド国内を通って行かなければならないというこの不便さ。それも通常の倍以上の時間をかけねばならない。しかし辿り着くことが何よりも優先されるなら、そうしてでも行かなければならない。

大型トラックに混じって中型車、そして普通乗用車、軽自動車も見受けられる。

「あれらも皆、インド経由でプンツォリンへ行く車だ」

大型バスの場合、そのフロントガラス、あるいは車体に行先の文字が書かれているからそれはナワングやクンサングには判読できるが――その文字は必ずしもアルファベットではなく、ゾンカ《語》の場合もあるので、こちらにはどこ行きかは解らない――、しかし何も書かれていない乗用車等も、そうであると言えるのはなぜなのか？

「どうして、それが判るの？」

「ナンバープレートを見れば判るよ」

ナワングの説明によれば一般にブータンでは四つの区分けしかないという。つまりそれはこの国自体を四つの地域に分けているということから。すなわちプレートの最初に書かれている「ＢＰ」の次に来る数字で、どの地域の車かが判るという。

「ＢＰ１は、西ブータン地方の車、つまりティンプー、パロ、プナカなど。ＢＰ２は、南ブータン地方の車、つまりチュカ、プンツォリンなど」

「……」

「ＢＰ3は、中央ブータン。トンサやブムタンなど。そしてＢＰ4は、東ブータン地方。タシガン、タシヤンツェ、モンガルなどである」

それで、今大型バスと共に対向車線を流れて行く車で「ＢＰ2」のプレートであれば、バス同様、そちらを目指していると判るのである。

『成程』

と思う。それなら旅行者の私にでも判別ができる。

因みに、「ＢＰ」というアルファベットの意味だが、それは、

「Bhutan Privateである」

と言う。つまり、「自家用車」ということ。日本で言えば、〝白ナンバー〟車である。

他にも一般によく見かけるアルファベットとして、「ＢＴ」と「ＢＧ」がある。それについては、

「ＢＴは、Bhutan Taxiであり、ＢＧは、Bhutan Government」

つまり、〝タクシー〟と、〝政府関係車両〟ということだ。ひどく判り易い。

「そしてこれはほとんど見掛けないが、他にもう一種類ある」

「何ですか？」

「ＢＨＴ」

確かにこれまでそのような三文字を付したナンバープレートを見た記憶はない。

「それは？」

「Royal Family Car」

つまり、〝王室関係車両〟という。それがなぜ、ＢＨＴ、なのか訊き洩らしたが、とにかく、この四種類のアルファベットの車しかないと言う。

そう教えられて注意してナンバープレートを見ると、いろんなことが理解できて楽しい。

ここでは多くが、「ＢＰ１」か、「ＢＰ２」か、「ＢＴ」車である。しかしたまに「ＢＰ３」、「ＢＰ４」の車も見受けられる。「ＢＰ４」の車を見ると、ここ数日の間に西ブータンに来たのなら、あの崖崩れや落石の中を来たのか、と思ってしまう。

『大変な中、来たんだな』

と、変な連帯感を持ってしまう。

ティンプーへの三叉路を右折して二十分後、THINLEGANG村を通る。二分で同村を抜ける。十時三十三分、ロメツァア村を見る。プナカからこの辺りは千四百メートル程の高地で、冬は比較的暖かい。マンゴー、バナナ、パイナップル、パパイヤの木もあると言う。まるで熱帯地方と同じ果物が実《な》る。

また、田圃が緑濃く色づいている。米も豊富に穫れるという。冬には枯れ草色になるというが、今は一面どこまでも緑一色だ。

同四十四分、同四十六分と続けて小橋を渡る。そして少しずつ高度が上がってゆく。道の両側に再び木々が迫るようになる。

十一時、左手の木々の向こうに、

「ワサビ田がある」

ナワングは言う。

「タイからその種を仕入れて、栽培している」

そのプロジェクトは軌道に乗って順調な収穫を得ているようだ。気候や土質《つち》に合った植物の栽培が行なわれている。

ワサビは余程、水が綺麗でないと育たないものだ。しかしそれなら正にこの国は打って付けかも知れない。ほとんど汚染を知らない水質であるに違いないから。

高度が上がるに従って靄が掛かり、それが切れることはない。

十一時二分、崖崩れ現場を通る。しかしナワングが下車することもなく、通り抜けられる。

同五分、同六分と続けて小橋を渡る。

そして同十九分、標高約三千百メートルのドチュ・ラに達する。

道の先方左側で多くの人々がダルシン用の木材を小丘の斜面に寝かせ立てているのを見る。新しいそれを作っているようだ。

クンサングはそのまま止まらずに下り出す。私は、

「トイレをしたいので止まって下さい」

霧にかすむドチュ・ラ（右側に経文旗を取り付ける木材が並ぶ）

と告げる。それで少し下った先で停車する。

先程のリーチのことが頭にあるので、今度は用心深く、その場所を選ぶ。

そしてそれを済ますと車には乗らずに、少し戻った峠へ行く。ダルシンを立てている人々をビデオに撮る。ちょっと珍しい光景に思われて。

停車五分後に再び走り出す。ドチュ・ラも往路に止まっていた。長居は必要ない。

道の両側には、春には色とりどりのシャクナゲの花が咲くという。今は一つのそれもない。

坂を下って行く。

ティンプーへ／一日に十リットル

十一時三十三分、HONGTSHOのポリス検問処に着く。こちらの通行（旅行）許可証を返却する。もうここからはティンプーの町中に入ったことを意味する。ティンプーの町の外れということでもある。

この辺はチベット人のコミュニティと言う。それは難民として受け入れられた彼等が暮らせるのはこの町外れしかないとも取れた。ナワングの言にはいくらか、「インド人」という時も、「ネパール人」という時も、「チベット人」という時も、見下しの響きがあるように感じられる。どの国の者でも、その者が自国に居る時、その国の者でない住民に対してはそのような感情を持つものだろう。例えば日本で言えば、在日の中国人や韓国、朝鮮人に対しての時と同じように。

この検問では一分の停車で走り出す。何しろ返却だけをすればいいのだから。

「もし、ティンプーとパロだけの観光なら、そのような許可証は要らないの？」

「そう、不要だ」

「東に行く時は HONGTSHO で取るけれど、南のプンツォリンに行く場合には、どこかで取るの？」

「勿論、取る。パロからティンプーに来る時に通った、インド方面への岐れ道のチュゾンで」

しかしこの国の検問では何も煩わしいことはない。私自身が下車して、警官と対したことは一度もなかった。こんな検問なら、あってもいいと思う。そんなこのような検問のままで今後もあって欲しいと。

十一時五十二分、ティンプー川の向こうに発電所を見る。

そしてさらに一分後、同じく対岸にこの国で一番古いという（一六二七年建立）、「シムトカ・

ゾン」を見る。

同五十五分、シムトカ村の三叉路（小サークル）に達し、そこを左に折れて行く。右に行けば――サークルの中央には大きなマニ車がある――パロへ、あるいはインド・ボーダーへと至る。

左に折れて少し行くと、左側眼下に赤い屋根の建物の連なりがある。

「コンピュータ・トレーニング・センター」

と言う。この国にもコンピュータが当然のように押し寄せて来ている。

そして進行方向前方に、山間の平地に展けたティンプーの町並みが見えてくる。あと少しである。

九分後（正午四分）、町中に入るルンテンザンパ橋を渡る。渡ったすぐ右側にガソリンスタンドがある。その敷地前、そしてそこへの道路にはその順番待ちの車の長い列がある。

「一日、十リットルしか入れてもらえない」

ナワングは言う。ティンプーには車が多過ぎて全部の車に満タンに入れていたら、入れることのできない車が出てくるという。燃料はすべてインドからの輸入という。入って来る量に限りがある時、そのような政策は仕方ないと言える。ましてプンツォリンからの道路が寸断されている現在、よりその規制は厳格にならざるを得ない。

「この前、十リットルのそれを入れる為に、六時間も待たされた」

ナワングは言う。

「午前十時から並んで、入れられたのは夕方の四時過ぎだった」

と。不便なことはまだまだ多いようだ。

「町中にある他のガソリンスタンドに行って、そこでも十リットル入れてもらって、計二十リットルにすることは？」

と問うと、

「それはダメだ。ちゃんと別の一軒のスタンドで給油したと、車に印を付けられてしまうからね」

長距離を行く計画がある時は前もって、満タンになるまで貯めておかなければならない。但し、このようなことは車の多い首都ティンプーとパロだけのことであって、他の町村ではそのような制限はなく、希望する量だけ入れられる——ここまでの道中でもほぼその度に満タンにして動いて来ていた。

メモリアル・チョルテンの手前を右折してチョルテン通りを行き、そして見慣れた“TAKTSANG《タクツァン》 HOTEL《ホテル》”には十二時七分に着く。

早速荷物を降ろし、チェックインをする。このティンプー以外、これまでの各村のホテルではこのような用紙（宿泊者カード）に書き込むことはなかった。ナワングが代行していたのか、それともそれぞれの必要のない宿だったのか。その辺の詳しいことは判らない。

今回は同じ二階だが、前回とは違う二二五号室を与えられる。前回の二二三号室よりいくらか狭いが、一人にしては充分な広さはある。

この部屋の窓からはチョルテン通りが正面に見える。一泊のこと、どの部屋でも問題ない。水道から水が出て、そしてシャワーからお湯さえ出れば。

それを確認して、同二十五分、昼食へと階下に降りて行く。

昼食はホテルの食堂ではなく、ホテルの玄関から見て、斜め左前方にある、「ブータン・アーツ＆クラフツ・センター」の二階のレストランで摂る。

ここは小綺麗で、ティンプーでも格調の高いレストランに入るのだろう。

ナワングは案内しただけでホテルの方に戻って行く。

ここでブータン料理の定食、いつもの何皿にも盛って出される一式を一人で食して、約四十五分後、出る。客は広い店内に、私の他に白人が一人居るだけだった。

午後からの観光のことは何も聞いていない。こちらのその昼食が済んでからということだ。ナワングもクンサングもこの町に家族が居るが、彼等の今日の仕事はまだ終わっておらず、帰れないようだ。私は彼等をここでフリーにしても良かったが、ホテルに戻るとナワングから、

「午後から、ちょうど日曜の今日、〝サンデーマーケット〟が開かれているから、それを見に行きましょう」

と言われて、そうしてもらうのもいいと考えて、あと少し一緒に行動することにする。この予定《スケジュール》は彼等には当初から決まっていたことのようだ。さらに加えて、

「サンデーマーケットのあとは、この町を見降ろすのに良い展望処に行きます」

そこには歩いてはちょっと行けないだろうから、確かにまだ少し一緒に居てもらう以外ない。何しろその場所さえ旅行者の私には判然としない訳《の》であるから。

サンデーマーケットでは土産物を買おうと思っている。手持ちのブータン貨が不足していることは判っていたので、今回もホテルのフロントの男と両替する。二十米ドルを九百ヌルタムに。一週間前に比べるといくらか率は良くなっている。銀行レートは一ドルが四十四・六〇ヌルタムだから、ちょうど一ヌルタム上がっている。しかしキリのいい、四十五ヌルタムにしてもらう。それができるそんなフロント係が居ることもこの国を象徴している。まだ若い男だが、生活に余裕があるということか。記念にその男の写真も撮る。これも送る約束をして。

サンデーマーケット

午後一時十二分、ホテル前を車で発つ。チョルテン通りを左に折れ、すぐにある交差点、交通整理のおまわりさんの居るボックスを横に見て、直進して行く。

Wogzin通りとなって道なりに右にカーブして行く。一分も走らぬうちに左側に、広場と共に時計塔が見えて来る。その前を通って同じく左手に、「チョモラリ・ホテル」等の建物の並ぶのを見て、突き当たりのガソリンスタンドの処を左折する。給油の為の車の長い列——インドへの道路が鎖《とざ》されている為に起こっていることで、普段はこのような行列は出来ない、とナワングは言う——が出来ているのは先程と同じだ。

　ルンテンザンパ橋を渡らずに、その手前を左に折れて、ティンプー川沿いのChhogyel通りに当たって左折する。

　ホテルを出て五分後、サンデーマーケット会場の〝サブジ・バザール〟に至る。その駐車場にクンサングは車を止める。

時計塔

ナワングと共に下車する。彼がマーケット内を案内する形となったが、すぐに、このような処を二人で歩くのも面倒と思ったのか、

「自由に見て回って下さい。私は車に居ますから」

と言って、マーケットを出て行く。こちらとしてもその方が良い。買い物にまで一緒してもらったのでは申し訳ない。いやどちらかというと買い物しづらい。こちらはこのような処での買い物に際しては必ず値の交渉をするからだ。それが楽しみでもあるから。彼が居てはそれが自由には出来なくなる。

「買い終えたら戻りますから」

と応えて、一人で歩き出す。一応三十分位したら戻ろうと考えている。

入ってすぐ右手にある民芸品を並べる処に足を止める。このような店がこの入口辺には、軒を並べる。

腕輪とネックレスを見る。その店を切り盛りするのは三十歳代のやり手の女性だ。

「ネックレスは三百六十、腕輪は二百」

勿論そんな言い値で買う気はない。他の処を覗いてみれば大体の相場は判るというものだ。しかしこの店で交渉を続けたのはどうしてか。その女の人がひどく商売上手だったからということもあるだろう。こちらとのその会話を向こうも楽しんでいる風もあったからだ。

それで、〝落とし所〟を考える。顔は似ている。彼女は、「日本人」と言っても通るような容貌をしている。交渉に熱心というのは、商売に熱心ということでもある。言葉の遣り取りを楽しむ。

このような値段の交渉を楽しむと、結局は必ず買うことになる。それでいいと思う。こちらのい、い、い、落とし所に落ち着けば。

腕輪を四つで三百五十ヌルタムで購入する。相手はそれでも確実に儲かっている。むしろそれでもこちらが大きくボラれているのかも知れない。しかしナワング達の待っていることもあって、一時五十分には彼等の待つ車の処に戻る。

「何か買った？」

「ええ、ブレスレットと織物のサイフを」

「いくらだった？」

それには正確には答えない。店屋の女の当初の言い値よりいくらか安い額を言う。

「そんなものだろう」

ナワングは言う。彼はこちらを安心させる為に、そう言う。こちらもそれで満足した風を装う。

ナワングは、

「もしまだ見物していたいのなら、いいよ。まだ午後二時にならないから、もう少し見ていても。今日の予定はあと一つだけだから」

それを聞いて、マーケット内を全く歩いていないこともあって、もう一度入ってみることにする。

「じゃ、二時三十分まで待っていて下さい。必ずその時刻には戻って来ますから」

ナワングは助手席に坐っている。クンサングと二人、暢びりと何か話しながらこちらの戻るのを待つようだ。

マーケット内に再び入る。駐車場と分けているのはただの鉄網だけだ。そこを入って、先程とは違うルートを通って行く。左手側の通路を行く。そこには男性のやる同じような民芸品店があ

サンデーマーケット，アクセサリー等を売るおじさん

る。やはりここでも腕輪とネックレスを見る。そして値段を訊いてみる。

「ネックレスは二百、腕輪は五十ヌルタム」

この人の方が全然正直だ。先程の女性の店とはいくらか品物は違うが、腕輪の方を最初から「五十」と言ってくるなんて、信頼してもいいように思う。

しかし今はそれ以上の交渉はしない。まず先にマーケット内を見て回る方が先決だ。

少し行くと「サブジ・バザール」の名称通り、〝野菜〟が並べられた処がある。じゃがいも、トマト、ピーマン、人参、きゅうり、キャベツ、大根、さつまいも、ナス、そして山菜のゼンマイも。果物ではリンゴとモモとバナナが。

それから勿論ブータン料理には欠かせないピーマン様のチリ（唐辛子）と、固められた丸く白

サンデーマーケット，サブジ・バザールの光景

いチーズ、ひもに数珠のように吊り下げられた四角いチーズもある。そして米、及び各種豆類も、また各種香辛料もある。他にも日用雑貨を売る店が。

白人の観光客の団体が来る。やはり民芸品店の周りに足を止める。民族舞踊《ダンス》の際に使うマスクを熱心に見つめる人がいる。織物を手に取る婦人がいる。

二時十五分頃まで、ビデオを回しながら、マーケット内を歩いている。昨夏のパプア・ニューギニアと違って、ビデオを回していても、カメラを出して写していても、少しもそのことに対する現地人からの圧迫《アクション》はない。それを強奪しようとする者は一人も居ない。それはまるで日本に居る時と同じような感じで、それを動かしている。

同十五分に再び、当初話した男性の経営する

サンデーマーケット，民芸品売り場通り（前方はマーケット入口）

民芸品店《アクセサリー》に戻る。そして交渉して、ネックレスを二本購入する（一本、百ヌルタム）。

「もう今日は店仕舞いするので、おまけするよ」と言って、当初の値の半額にしてくれる。それでも勿論原価割れはしていないのだろう。お互いがその値で得心して、交渉は終了する。

ナワングの居る車には二時二十八分に戻る。約束の時刻を違《たが》えずに済んでホッとする。そして日本への土産もほぼ買えて安堵する。

しかしこれらの買い物で六百五十ヌルタムを消費して、先程換えた両替分では足りなくなる。このブータン出国に際して三百ヌルタムは確実にかかるのだから。その分はホテルに戻ったら、再び換えようと思う。

サンデーマーケットの駐車場を同三十分ちょうどに出て、ＢＢＳ（ブータン・ラジオ放送局）の電波塔の建つ展望処に向かう。

ラジオ塔の建つ丘からの眺め（手前，右下に見える車は，私たちの車）

市内を抜けて山道を行く。

同処には同四十五分に着く。二千八百メートルあると言う。

確かに見晴らしは良い。

車をその塔の施設への門扉の前で止め、私は下車するとさらに丘道を少し登って行く。ナワングとクンサングは随《っ》いて来ない。

一人で登って行く。丘にはダルシンが林立し、木と木の間に渡されたロープに張られたルンタがはためいている。そのダルシンに隠れるように大きなマニ車の入るチョルテンがある。それを回している少年が居て、「チン、チン」という音が響く。

ピクニックとして来ているのだろう若者のグループが、いくらか傾斜のある陵地に敷かれたビニールシートの上に坐って楽しそうに語らっている。

そこよりさらに少し行って戻って来る。高い処故に風がある。

三時七分、展望処をあとにする。来た道を下って行く。

途中の道で再びタシチョ・ゾンを眼下に見る。国王のオフィスであり、国会議事堂であるそこは、しかしこの旅行の見学には入っていない。国の中枢機関である故に厳しい制限があるからだ。高台からの眺望だけで満足する。

町中に戻って行く。

「エンポリウムを見ていきますか？」

と問われて、ついでなので、

「はい」

と答える。ホテルへの戻り道にあるというので。それにどのようなものが置かれてあるのかも興味があって。

こちらの来訪を知って（三時二十四分）、そこを管理する男がその陳列場への扉のカギを開けてくれる。つまり誰もこの時ここには来ていない。ブータン政府直営の店ということで、品質も保証されているが、値段も高い、ということのようだ。

Tシャツとかワイシャツ、そして婦人用のものが売られている。外国人相手のショップである。二階もさっと見て、六分でそこをあとにする。

そして二分後、宿のホテルに到着する。

これでやっと二人を解放できる。三時三十分少し過ぎ。彼等にとっては一週間ぶりの我が家である。

ナワングに、今日の夕食時刻（七時三十分）と明朝の食事時刻（七時三十分）の確認を、ホテルのフロントの男としてもらって、そして、

「明朝は八時ホテル出発」

と決めて、二人と別れる。私自身もこれでホッとする。自由に動くことができる。

小さな食い違い

四時二十分、歩き出す。交通整理の警官の居る交差点を左に折れ、Norzin《ノルジン》通りを行く。メインストリート故に人の出も多い。

先程訪れたエンポリウム前を過ぎて、同四十五分、Phendey 通りとの角に着く。この辺りで

交通整理の警官の居る交差点から Norzin 通りを望む

ノルジン通りの先方を望み、また今歩いて来た後方を振り返る。悠《ゆ》ったりとした時間が流れている。本当はこの辺りで引き返そうかと考えたが、そのまま歩を先方に進めることにする。

特別な目的もなく歩いている。まだ日暮れまでには時間はありそうだ。

同五十分に歩みを再開する。ノルジン通りを、先方にもあるもう一つの交通整理ボックスを目指して歩き始める。この町一番のメインストリートだが、通る車の量も大して多くない。

五分後、同ボックスの建つ交差点に行き着き、そこをDoebum《ドエブン》通りへと左折する。ゆっくりゆっくり歩いて行く。

今自分の歩ける範囲は決まっている。僅かな範囲だが、納得のゆく歩きをしている。同通りを進んで行く。

五時十六分、JICAへの三叉路に着く。右に折れて行けばどうやらその事務所のある方に行くようだ。勿論曲がらずに直進する。

四分後、メモリアル・チョルテンに着く。

四分間そこに居て、チョルテン通りをホテルに向かって戻って行く。

そして九分後、ホテル隣の以前絵ハガキを購入した店屋に入る。今回もそれを購入しようと思って。

そこに居る店屋の女の子は可愛い。充分都会的で、ちょっと見、ブータン人には見えない。しかし素朴な感じは日本の娘にはないものがある。いつまでもそうであって欲しいと思う。記念に

ホテル隣の店屋の女の子二人

写真を撮らせてもらう。勿論、現像後には送る約束をして。

絵ハガキを十枚購入して宿に戻る。五時四十三分になっている。一日が終わる。

夕食に、一階のレストランに七時四十分に降りて行く。今日も客は誰も居ない。従ってこちらが調理場に声を掛けないと誰も出て来ない。

ウェイターが少しすると現れる。ちょっとノドが渇いていたので、しかし水より今は何かジュースを飲んでみたくて、オレンジジュースを頼む。アルコール以外のソフトドリンクなら旅行代金に含まれているとも聞いていたので。それに朝食の時は、現実にそれが飲めていたから——と言っても、もしかしたら有料かも知れぬという気もいくらかあったが。

夕食は、やはり豪華だ。何皿も出て来る。①スープ、に始まり、②白ごはん、③ヤキソバ、④

ブロッコリー、人参、いんげん炒め、⑤ほうれん草のチーズ煮、⑥鶏肉と人参の煮物、⑦ビーフストロガノフ、玉ねぎ、マッシュルーム添え、⑧デザート（ババロア）、そして食後の、⑨コーヒー、である。

②〜⑦までは各皿に盛られて一度に出て来る。いつも通り、一人前としては多めの量で出て来る。いささかブータンではどの町でもすべての皿を食べ尽すことはできないでいる。

今夜も満腹に満足して、部屋に戻る。もう眠るだけだ。十時前にはベッドにもぐり込んでいる。明日一日を過ごせばブータンも終える。良い一日にしたい。

《プナカ→ティンプー、走行距離、百二十km。計千三百九十六km》

確かにナワングはその最初のパロでの昼食時に言っていた。

「飲み物は食事代には含まれていません。すべて有料です」

「ソフトドリンクも？」

「そうです。コーラもジュースもミネラルウォーターもです」

そのことを聞いていたから、怒るには当たらないと思う。しかしその額はちょっと高いのではないかと思う。その請求書を見た時、その額を疑う。しかしそうだとしても払わざるを得ない。

ティンプーでの朝、約束の七時三十分に一階のレストランに降りて行く。客はやはり誰も居ない。このホテルではいつだってそうだ。私一人が食事していて、そして前回は一人の白人が後にやって来ただけだった。

今朝も誰も居ない。昨夕食時同様、調理場に声を掛けてウェイターの出て来るのを待つ。

そして少しすると見慣れた彼は顔を出し、こちらの姿を見つけると、朝のメニューを持って来る。前回もそうだった。そして前回も迷った。旅行代金に食事代も含まれているのだからそれを持って来る意味は大してないと思うのだが。

しかし考えるとちょっとおかしい。そのメニューには、ヨーロピアンスタイルとアメリカンスタイルと、そしてブータンスタイル（ブータニーズ）の三種が載っていて、それぞれ料金が違うのだから。ヨーロピアンは百八十ヌルタムで、アメリカンは百五十、そしてブータニーズでは八十五となっている——このようなちょっと高級なホテルででも朝食はその位の料金なのだ。

私は前回同様中間の百五十ヌルタムの処を指差して注文する。百八十のものを注文していいものか、不安も少しあったから。

ヨーロピアンとアメリカンでは何か違うのか。ブータニーズにはごはんが出されることは知っているが、それら二つでは何が違うというのか。

こちらの注文に対して出て来たのは、①コーヒー、②トースト、③玉子焼き、である。朝食ではそれで充分だ——トーストにはバターとジャムも付いている——。どの村のホテルでもこんなものであったから。

もしヨーロピアンを頼んだら、他に何が出て来るというのか。たぶんソーセージとかベーコンだろう。日本を発つ前に払い込まれた代金には朝食代はいくら、と計上されているのだろうか？

とにかく朝食はそのメニューで、二十分程で食べ終えて部屋に戻る。

ナワングとの約束の出発時刻は八時である。その五分前にフロントに行くと、既に彼は来ていて、そこのカウンターで書類にサインしている。こちらの宿泊代金を支払っているのかも知れない。

私は外に出て、クンサングに挨拶して車に乗り込む。ナワングの出て来るのを待つ。すると助手席のドアを叩く者が居ることを知る。ホテルの昨夜夕食を運んでくれたウェイターが居る。手には紙切れを持っている。

「昨日の夕食時に飲んだオレンジジジュースの代金を払って下さい」

やはり請求されるのだ。コップ一杯であっても、飲んだものは支払わなければならない。それは当然だ。

しかしこのホテルは、朝食のそのメニューの選択にしてもこちらにはひどくabout（いい加減）に思われていたから、あるいはジュース位、夕食の中に含まれていてもいいのでは、という気があったのだが。何しろ朝食のブータニーズとヨーロピアンとの間には百ヌルタム近い差があったのだから。もし安いブータニーズを選んだら、どうなのだろうか。その差額を返してでもくれるというのだろうか。そんなことはあるまい。

そんなメニュー選択における不思議さを感じていたから、いい加減でもいいのだろうという気もあって。たった一杯のジュースだから、あるいは、という思いもあったのだが。

やはり、請求される。しかしせいぜいジュース一杯だから、他の物価を考えても、「二十〜三十ヌルタム」位だろうと思っている。朝食のブータニーズの代金が「八十五」なのだから、それから推定してもそんなものの筈と。ところが請求書に記された額は、

〝六十〟

六十は高過ぎるのではないか。ほぼブータニーズの朝食代に匹敵する。たった百八十cc程のジュースなのに……。

しかし払う。飲んだものなのだから当然に。但し、六十にプラスされていた「サービス料」はカットしてもらう。何しろジュースだけを飲みにそこへ行ったのではないのだから。夕食の一環として飲んだのだから——しかし確かに、日本でこの旅行の手続きをした時、その代理店のKさんはアルコール以外のソフトドリンクは一本位は含まれている、と言っていたが。移動時でのランチパック（弁当）の時には、何かしらのジュースが付いていたのに。

予定外の大きな支出をして——昨夜、あれからあと十米ドル両替していて正解だった。その六十を払っても、また出国税用の三百を差し引いても、まだそのお蔭でいくらか残る筈だから——、ちょっと気分が悪い。しかしここまでが気分良く来過ぎていたから、これ位のことがあってちょうどいいのだろう。結果として、良いことが続くことは良くないのだから。そう思えば、その請求も自然のうちのものなのだ。意に沿わないことがあって、均衡は保たれる。

パロへ

八時一分、ホテル前を出発する。すぐ右手にあるホテルは――既記したが――ガイドブックには"PELING"となっているが、今は"DRUK-YUL"と名前を変えている。個人の資産家が増え、資金に行き詰った者は経営譲渡を余儀なくされるということか。この国にも資本主義が確実に押し寄せていることが知られる。世渡り、金儲けの上手い者はこのような〝体制の過渡期（変革期）〟にはかなりその資産を築くことができるだろう。因みにガイドのナワングはそういった人たちに属するかも知れない。父親が資産家のようで、彼をインドのムンバイ（ボンベイ）の大学に通わせ、日本へも四カ月、仕事を兼ねた研修で行かせたことでも窺われる。クンサングは、

「ナワングは金持ちだよ。世界中あちこち、行っているものね。俺なんかブータンの国から出たことはない。どこかに行く飛行機代もないからね」

独身のナワングと妻と子供二人が居るクンサングでは、そのことでも自由さ、金の自由さは違うだろう。しかしそうであってもナワングは現在のブータンを代表する新傾向の男かも知れない。

「私のこのガイドのあと、またどこかに行く予定はあるの?」

と訊くと、

「ええ、来月か十月にアメリカに行く」

「旅行で？」

「いや、仕事で。と言っても父の仕事の関係で。正確に言うと、叔父（父の弟）の仕事です。叔父はアメリカに暮らしていて、アーチェリー用品を販売しているので」

アーチェリーはこのブータンで最も人気のあるスポーツだ。その製品をブータンからアメリカに輸出しているのだが、そのアメリカでの輸入先が叔父の会社であるという。その販売の手伝いにアメリカに行くのだという。

「初めてでなく、去年にもアメリカにそのことで行っていた」

彼は従って外貨のドルを入手することも簡単で、つい最近も、

「ベトナム、ラオス、カンボジア、タイ、ミャンマーを旅行して来た」

バンコクのカオサン通りのことも知っている。そこにあるホテルにも泊まったと。アジア人でバックパッカーはもはや日本人だけでないことは認識していたが、韓国人、香港人、台湾人に混じってブータン人も動き出したと知ると、安易にアジア人を見掛けても、「日本人」とは思ってはいけないのだ。

どうなのだろう？

アメリカ、東欧を含むヨーロッパ、そしてアジアの地においても、日本人以外のアジア系の旅行者の出現を知るとなると、残るはやはりアフリカだけということになるのか。いやもはやアフリカも、多くのアジア系バックパッカーで交錯しているのかも知れない。

因みに彼はバンコクのパッポン通りを歩いていた時、タイ人の客引きに、「日本語で話し掛けられた」と笑いながら言った。確かにその通りを彼が歩いていれば、ほぼ間違いなく、「日本人」に見られるだろう。

八時九分、右手路上脇にポリス検問処があるが、止まらずに通過。止まっている車の方が少ない。何か事が起こった時の為の、その小屋のようだ。

同十三分、シムトカに達する。小サークル中央にあるマニ車を、回りながら右に見て、直進する。右鋭角に折れて行けば、昨日来たドチュ・ラからプナカへと至る。

一分後、橋を渡る。

三分後、民家の壁に描かれた〝ポー（男根）〟を見つけて、クンサングが車を止める。

〝写真を撮れ〟

と合図する。どうでも良かったが、その好意を無にするのも――折角止まってくれたのだから――悪いと思い、カメラに収める。そしてすぐに出発。

同二十八分、BABESA村。同三十六分、KHASADAPCHU村を通って行く。ずっとティンプー川を右に間近に見て走る。右手の山の斜面上には松がポツンポツンと点在している。ポツンポツンが途切れることはない。

同五十四分、谷を右に曲がり、橋を渡る。

同五十八分、チュゾンに着く。直進すれば、チュカ経由でプンツォリンに至る。インドへ抜ける道だが、途中の橋の流出で、今はそちらに向かう車の姿も無く、そちらから来る車も少ない。私たちの車も検問処の建物前を右折して、ウォン川に架かる橋を渡って行く。ここがティンプー川とパロ川の合流地点で、合流後はウォン川となってインドへと流れて行く。

橋を渡るとやはりT字路となっている。右折して進む。

「左に曲がると、どこへ行くの？」

「HA《ハ》に行く。でも今はそこは軍事関係の重要地域となっていて、旅行者は入れない。一般のブータン人も許可がないと入れない」

「なぜ？」

「山を越えれば中国だからだ。中国からの不法入国を警戒しているのだ」

確かに陸続きで国境を接している場合、その両国の関係が良くない場合は、そのことに神経を使うことはどこでも同じだ。右折して、パロ川を右に見て進む。

九時六分、川向こうにポツンと一軒、建物が見える。

「タチョガン・ラカン」

ナワングが教えてくれる。

同十分、ISUNA村に入り、すぐに橋を渡る。渡ると、パロ川が左側に変わる。

同十三分、川面が車からの視線と同じ程に低くなる。このような光景はこの国では珍しい。

同十四分、左側に木材置場があり、右にカーブして進むと、シャバ村となる。道の両側に同村の民家が続く。

同十六分、大型の公共路線バスと擦れ違う。

同二十二分、パロへ八km地点の標識石を、左側道端に見る。そのすぐ前にアーミーキャンプがある。この辺りからボンデイ村となる。ずっと両側にリンゴの木が植わっている。

同二十四分、直進すれば空港に至るボンデイ村の中心に着く。その三叉路を左折して行く。すぐのパロ川に架かる幅も広いこの国としては立派（三十メートル程の銀色）な橋を渡る。

本線道を道なりに右に行き、数十秒後、再び十メートル程の橋を渡る。そこから緩い登りとなってゆく。

川からは少し離れるが、四分後、眼下に川とその向こうに空港を望む展望処に達する。展望

展望処からパロ川と，空港を望む

処、と言っても単なる路肩である。いくらかあるスペースに車を止めて、写真を撮る。空港の建物が小綺麗だ。

止まって少しすると、バン型の乗用車がやはり止まる。ブータン人の一行かと思う。しかし違っている。

「別の旅行会社の車で、客は日本人だ」

ナワングが言う。ガイドと運転手はやはりゴを着ているが、他の、客と覚しき二人、カップルは着ていない。男の方はカメラを持っている。特別、だからといって言葉は交わさない。ここはアフリカの辺境ではないのだから。

八分後、出発する。二分程してパロの町中に入って、郵便局の近くで止めてもらう。村を貫くメインストリートから小さな空地を隔ててその局舎は建っている。

絵ハガキを投函する。この国からの差出しは

空地を隔ててある，パロの郵便局

これですべて終わる。うまく届いてくれることを祈るばかりだ。

タクツァン・モナストリィ（僧院）見物

四分後の九時四十六分、車は走り出す。ポプラとマツ等の植わる並木道を通って行く。

「タクツァン・モナストリィに次は行きますが、そこに登りますか？　二時間程かかりますが」

ナワングの口ぶりには彼がそのトレッキングにあまり乗り気でないのが窺われる。しかしこちらは是非とも登りたい。二時間の行程はちょうどいい頃合いだ。

「ええ、行きます」

車は十二分走った九時五十八分、本道から右に外れて行く。車一台がやっと通れるような疎林の中の荒れ道を行く。もともとはここまでは車は入っていなかったという。

「二年前（一九九八年）にモナストリィが火事にあって焼失し、今建て直し工事中です。その資材運びの為に、山の麓まで、車の通れる道を造ったのです。ですから以前《それ》までは、今折れて来た本線道で下車して、そこからはずっと歩いたのです」

ナワングは言う。従って今車で通っている道は本来なら歩いていた処となる。何はともあれ、今は車で行くことができる。

二分後、右カーブし、二十五メートル程の欄干の低い鉄製の橋を渡る。そこからもひどく凹凸

タクツァン僧院への麓にあるロッジと，工事関係者の宿泊施設（下の左端）

道が続く。

登り坂となる。車はセコンドギアのままだ。この辺りはじゃがいも畑が広がる。インドへ多く輸出しているという。

鉄橋から七分後、林の中に資材置き場があり、さらに登って行く。

そして一分、十時十分、車の停車地点、行き止まりに着く。たぶん工事関係者達の宿泊施設だろう建物と、まだ建って間もないといった感じの小綺麗なログハウス風のロッジが三つ四つある。

同十二分、ナワングは持参のディーバッグを背負って、こちらはビデオカメラとコンパクトカメラを肩に下げて左手の林の中、登山道へと入って行く。クンサングは車と共に待つ。彼に登る義務はない。

「二時間」

と言うナワングの言葉が残っている。それ位を覚悟している。

林の中を歩くこと十一分で、そこを流れる小川を渡る。小さな短い橋を越える。

少しすると傾斜のある登り道となってゆく。登りとなって汗をかく。

この辺りまでナワングが先行していたが、登り出して十五分後位からは、こちらが先行する。ナワングはどうやら足が本調子でないらしく、

「先へ行っていい」

とジェスチャーしたからだ。山登りは自分のペースで登らないと疲れの増すことを知っているので、私としてもそれの方が有難い。汗をかきながらも進んで行く。この辺りはマツとカシの木々で覆われている。

ハー、ハー、と息を吐きながら、休むことなく登って行く。山登りは大変だが、しかし私にとって嫌いなものでもない。いつか終わりはあるのだから。


同五十一分――登り出して三十九分後――レストハウス近くにある、マニ車が中に収まる、屋根のついた四角柱（正方柱）の比較的大きなチョルテン（＝ブータン様式）が建つ小台地に着く。風にはためくダルシンの林立もある。

前方右手にレストハウスの屋根が見える。一時間もかからずに着いたことになる。

マニ車を見ながら、写真も撮りながら小休止する。

レストハウス手前にある，マニ車が内に入るチョルテンと，ダルシンのはためき

四分後、それを終えてレストハウス方向へ向かおうとした時、下からナワングの姿が現れ出す。彼は先行したこちらのことが気になったと見えて、ちょっと焦り気味で追い付いたという風が瞳に見てとれた。彼の、彼なりの仕事熱心さが窺われる。もし客を先導せず、客にもし事故でも起こっていたら、彼の責任になるのだったから。

そんな瞳が読み取れた。こちらの姿を見て、安堵の表情が一瞬浮かんだ。しかしそれを覚られぬように、

「先に行くよ」

と言って、レストハウスへと彼は休まずに歩を進めた。こちらとしてもちょうど良い。彼の後を付いて行く。

二分後、レストハウスのおじさんが紅茶を出してくれる。こんな時に飲むそれは美味しい。

レストハウスから望むタクツァン僧院

飲みながら前方に望《み》える屹立した岩壁を見る。その上方に建物が小さく見える。谷を挟んで両側に、小さく建物が。

「右側に見えるのがモナストリィだ。谷を挟んである建物もその一部。今はやはり、バターランプの不始末による失火から焼け落ちたその建物の修復工事中だから、モナストリィの方へは行けないと思います。どうしますか？ あそこまで行ってみますか？」

「はい、行きたいと思います」

即座に返答する。

「解りました。しかしここからは私は連《つ》いて行きませんから、一人で行って下さい」

「了解しました。問題ありません。一人で行きます」

「道は一本道ですから、間違えることはないです。途中二股に道が分かれている処もありますが、どちらに進んでも結局は同じ処に出ますから、心配しないで下さい」

「解りました」

私はそう言って、紅茶を一杯飲むと、十一時十五分、一人でタクツァン僧院目指して歩き出す。レストハウス左手にある水場の脇を登り通って行く。レストハウスはナワングの高度計（彼の腕時計の中にそれが機能されていた）によると、二千八百八十五メートルを指していた。僧院の標高が三千メートルとすると、あと百二十メートル程を登らなければならない。

「三〜四十分だろう」

ナワングは言っていた。そのことから、正午までには辿り着けると考えている。三分も行くとダルシンの多くはためく斜面を通る。そこから上はかなり急な山道となる。登る時はいつでも、黙々と登る。特別足に違和はない。五十歳を過ぎた——決して若くない——が、まだこのような行動に支障を感じないのは嬉しい。素直に喜んでいいことのように思う。

同三十二分、登り出して最初の建物を左に見る。これは建設工事関係者用の建物だ。まだ建てて間もないような真新しさがある。

その建物の上方二十メートル辺りに、旧式の家屋がある。建てられてかなり経つような、風雨に曝された感のあるものだ。そちらを見物してみようと目指してみるが、斜度六十度以上もありそうで、またちょうど小雨が降り出したこともあって、先程の建物の軒先に戻って来る。雨宿りをする。

山上の男達

雨は完全には上がる気配はないので、同三十六分、歩き出す。ここは斜面に造られた短い平らな道。それ故に雨はぬかるみをつくる。山からの雨水の流れのルートにも当たっていて、ひどく濡れた道をつくる。

三十メートル程のそんなぬかるみを抜けると、再び左カーブして、登り道となる。

麓からの物資運搬の為のワイヤロープが近くに見える。そのロープの先を目指して登って行く。小雨は上がっている。

同四十二分、ワイヤロープを操作する男の居る処に着く。雨を防ぐ屋根の付いているだけの、四面には囲いも壁も何もないスペースに男は居る。

そのワイヤロープを巻き上げる機械の横腹にはスイスの会社の刻印がある。多くの国の製品がこの国に入って来ていることが知らされる。

この男とは別に、下へのロープを見降ろせる処に、トランシーバーを持つ男が居る。それで麓との連絡に当たっている。彼の合図によって、ここの男は機械を操作し、ワイヤの巻き上げ、巻き下げをしている。

同四十七分までその男の処に居る。そしてもう一つ斜面を登った処にもある、同じくワイヤロ

ワイヤロープを操作する男

上の写真の処からさらに上がった処でワイヤロープを操作する男

ープを操作する処に行く（同四十八分）。ここにも男が一人居て、同じく麓との連絡に当たる男が、下方を見降ろす処に居る。二本のワイヤロープで麓との運搬に当たっているのだ。

ちょうど昼食になる時刻となり、麓から上がって来たゴンドラが、その停止地点に着いた処だった（同五十四分）。

連絡担当の男の一人がそこに行き、ゴンドラ内から布袋を取り上げると、傾斜面を登って来る。上方のロープ操作場に隣接するように、彼等四人の休憩小屋があり——いや、もしかしたら彼等はここで寝泊りしているのかも知れない。小屋内左側にはそれができるような狭いがスペースがあったから。右側は土間となっていて——、そこに簡単な食器類も置かれてあった。

彼等の昼食タイムである。私の居ることは彼等には邪魔とは思ったが、それをちょっと見させてもらう。どんな風な食事景なのか、興味があって。

たぶん前日の、あるいは今朝のものだろう汚れた食器類を、一人の男が二十リットル入りのポリタンク（灯油等を入れているもの）に入った水より、洗ってゆく。洗剤を付けて丁寧に洗う。そして、濯《ゆす》ぎも二回して。

それから各自の食器に昼食を盛ってゆく。下から運ばれて来たのは、大鍋に入った白飯と、やはり大鍋に入ったおかず＝肉野菜入り煮込み＝である。

そこまでを見させてもらって、記念に写真を一枚撮らせてもらってそこを出る。食べる姿をずっと見続けるような、そんな失礼はしない。どんな昼食景なのかを知ればそれでいい。

作業員達四人の昼食景

四人は四人ともひどく優しい善人そうな人たちだった。食器を洗っている時、他の一人の男の人は寝間の方に入って、そこからリンゴを持って来て、こちらに差し出した。私は好意だけを受け取って、頬笑みを返しながらそれを受け取ることはなかった。ブータンのごく一般の人たちは素朴で誰もが善人であった。

十二時六分、四人の食事する小屋を出て、斜面を下る。タクツァン僧院自体は左側にかなり近くに見える。

その狭い展望処《スペース》には四分下って着く。深い谷越しに工事再建中のそれが見える。そちら側にも幾人かの工事関係者が居る。屋内の人たちはここからは見えないが、屋外に居る人たちは、十人近くを見ることができる。

こちらが展望処に着くのとほぼ同時に下から、先程空港を見降ろす処で会った日本人カッ

ワイヤロープ操作小屋付近から工事中の僧院を望む

展望処から工事中の僧院を望む

プルが上がって来る。彼等はブータン人のガイドと一緒だ。

同十二分、谷のこちら側にある一つのチョルテンの傍らから、メインの僧院（＝タクツァン・ペルフ）を見つめる。工事関係者に混じって僧衣を着た男達の姿も見られる。

タクツァンとは、「虎のねぐら」という意味。ブータンに仏教を広めたと伝えられる高僧（グル・リンポチェ）が虎の背中に乗ってここに飛んで来たから、そう呼ばれるようになったという。確かに空を飛んで来なければ辿り着けないような急峻な岩壁上にそれはある。背後も垂直に近いような岩壁《いわかべ》である。

可能ならそちら側にも行きたかったが、どれ位谷を下って行けば、そちらへの道となるのか判らず――少しだけ谷を降りる階段を下ったが、途中で止《や》めている――、それにナワングがレストハウスで待っていることもあって。必要以上に戻るのが遅れれば、また彼に心配を掛けることにもなると思って、こちら側からの眺めだけで満足する。

日本人カップルも、男性の方はやはり斜面階段を下り出したが、途中で引き返している。彼等もレストハウスに戻ってから昼食を摂るようで、女性の方が上から戻って来るよう、声を掛けていたこともあって。

彼等と一緒に来たブータン人は旅行会社のガイドでは（運転手でも）なかった。たまたまこの僧院に用事があって来た人だった――そのブータン人とちょっと言葉を交わして、そのことを知った――。彼は、

「一九八二年にドイツ人旅行者が、この僧院の写真を撮っている時、足を滑らせて谷底に落ちて死んだ」

こと。また、「僧院完成までにはあと三年かかる」ということ等を話した。

展望処辺に同二十八分まで居て、カップルより一足先にレストハウスへと戻り出す。

山の天気はここでも変わり易く、展望処に居た時は晴れていたのに、下り出して少しすると雨が降り出す。今回は小雨ではなく本降りである。身体が濡れるのは構わないが、ビデオとカメラを防がなければならず、一度二度と雨を遮れる岩蔭や木蔭では歩を止めて雲行きを待った。――この時、カップル二人がこちらを抜いていった。

それでも雨足は弱まらないのを知ると、ビデオカメラだけはシャツの中に入れて進む。コンパクトカメラはカメラケースがあるのでいくらかビデオより問題はない。

下り道は、滑らないように細心の注意を払わなければならない。むしろ足元に注意を払うという点に関しては、登りより下りの方が慎重を期さなければならない。まして雨に濡れ、滑り易さは晴れの日以上なのだから。

下り始めて二十四分後、ダルシンのはためく岩場に着く。あとはレストハウスまではすぐそこだ。

二分後、水場の脇を通る。そして石段を数段下ると、レストハウスの敷地となる。

雨に濡れて、頭も衣服も冷たい。すぐにハウス内に入って十二時五十四分、窓際にあるテーブルにビデオとカメラを置く。そしてハンカチで頭髪と顔を拭う。いい具合に髪の方は坊主頭なので問題ない。すぐ乾く。やはり坊主頭は都合がいい。全く髪形等を気にしなくて済むのだから。少しするとカップルも――二人は途中で休憩していて、こちらはその脇を通って再び先行していた――ハウス内に入って来る。やはり雨に濡れた髪や手や腕を手拭い等で拭っている。

彼等のガイドと運転手が二人に声を掛ける。僧院の感想を訊いたようだ。

私たち旅行者が落ち着いたところで昼食となる。ハウス内の広い空間の中央のテーブルに、バイキング形式で白飯とおかずがそれぞれの皿に乗っている。これはひどく嬉しい。山の登り下りで結構空腹であったから。この形式なら何皿でもお代わりできる。

大皿に白飯と各種のおかず（①ヤキソバ、②人参、玉ねぎ、長ねぎ煮、③にんにく、チリ、キャベツ、玉子炒め）を乗せてゆく。ブータンに入って食事で不満を覚えたことは一度もない。いつでも満腹に近い腹にしている――敢えて百％満腹にはしていない。ごはんもおかずもテーブルのそれには残しておいた。自分の分として最初から一皿に乗って出されたものであるならば、それは残すことなくすべてを食したであろうが、バイキング形式ではちょっと訳が違う。この辺の要領はアフリカでの洗面器での食事にちょっと似ている。少しずつでも残すのが礼儀のように思われて。それでなくてもたぶんもともと一人分以上の量を供している筈だから。

ここではしかしガイドと運転手を含めて六人が居る。彼等も食欲旺盛だから、大皿に盛られたそれらは見る間に減ってゆく。

私は一回お代わりをして手を止める。カップルもそうして食べ終えている。ナワングと向こうのガイドと運転手はいくらか残っているおかず類を食べ続けている。彼等は当然に親しく自分たちの言語で話し合っている。

私も食後に出された紅茶を飲みながらカップルに少し話し掛ける。彼等は日本人だが、日本から来たのではなく、

「今シンガポールに住んでいるので、シンガポールから来ました」

と言う。

「どのようなルートですか?」

「バンコク経由です」

バンコクから来たのはこちらと同じだ。そして日本で手続きするのと同様に、やはりブータンの旅行代理店を通して事前に旅行許可を取って、国内でのスケジュールを提出しての旅行と言う。

そして、

「一日当たり二百米ドルかかることも日本と同じです」

と。この国の旅行は確かにやはりバンコク辺に屯する貧乏バックパッカーにはできないだろう。

そうであるからこそ、治安が保たれ、温和な人々の表情があるのだと思う。

二人はプナカ、ウォンディ・フォダン、そしてトンサまで行って引き返して来たという。それ

より東への移動は、旅行会社に止められて実現しなかったと。

私は少し東部ブータンでの状況を語り、

「この時季の移動はやはりかなりハードと思います」

と言い添える。各自の旅行は各自が実際に動いたことで得心しなければならない。運、不運は誰にも解らないのだから。もし事故に遭っていれば私は彼等に何も語れなかったのだから。

「明朝の便でバンコクに飛んで、シンガポールに戻ります」

「私も同じ便です。もし空港で会いましたら、よろしく」

ちょっとした出会いが旅行に色を添える。それも旅行の良いところ。

下山

ガイドと運転手はまだ少し食べ続ける。私は紅茶のお代わりをして、ナワングの準備を待つ。紅茶もおいしいので悠ったりとした気分でいられる。このタクツァン僧院見学でこの国の観光も実質すべて終了した。

紅茶をより甘くして飲む。いくらか疲れもあってそうしている。一つの予定を終えて飲むそれは、より美味に感じられる。

まだ下りが残っているが、登り程は汗をかくこともないだろう。幸い、雨は上がっている。山の天気は変わり易いのだ。

一時三十五分、私とナワングが先に下山を始める。この町でもなるべく早く観光の予定を終えて、ガイドと運転手を自由にさせたいと考えている。もう観光する予定はない筈だから。

十七分後、下り道の途中にロープウェーのワイヤロープが比較的間近に見える処に達する。頭上すぐ近くにそれは張られている。ナワングの方から、

「ちょっと見てゆこう」

ワイヤが動いて下からゴンドラが昇って来るのが見えたようだ。視力のあまり良くないこちらにはそのことは判らなかったが。立ち止まってそれが昇って来るのを見るのは、むしろ私が望むところだ。

五分待ってもしかし近付いては来ない。しかしナワングは、

「来る」

確かにワイヤの移動はその振動から窺える。

さらに三分待つと、やっと下から四角な一メートル四方のゴンドラが、その内に大きな石を満載して昇って来る。

そして、「ゴー」という音と共に、頭上を通り過ぎる。しかし少し過ぎた処で止まってしまう。機械の操作上の関係か。

一～二分して動き出すと、今度は止まることなく、それが小さくなるまで昇り続ける。

石を満載して昇って来るゴンドラ

少し昇った処で止まったゴンドラ

林の中を流れる小川

二時三分、歩き出す。天気は良く、下り故に気持ち良く歩いて行ける。

同九分、林の中を流れる小川に架かる短い小橋を渡る。こんな処を流れる水を飲んだら、さぞ美味しいだろうと思う。

渡って少し行った処にある木蔭に来ると、

「少し休もう」

ナワングはそう言って立ち止まる。あと少しで車を降りた処に着くが、これまで十日近くも一緒に居て、こちらの希望を必ず聞いて判断していた彼が初めて、少し強く自分の希望を表明したのだ。ここで休むことは予め決まっていたことなのか、とにかくここで休むことが彼にとって必要ということなら、そうすべきだと思う。むしろ彼の少し強い意思を知って嬉しい。

『もしかしたら、クンサングとの間で戻り時刻の約束があって、その時間調整をしているのかも知れない』

彼等の間の予定時刻よりも早く下って来ているのかも知れない。確かに往きも一時間もかかっていない。下りなら尚更早い。

休憩している時、日本人カップルがガイドと運転手と共に前を通って行く。

七分間、休んだあと――ナワングは煙草を一本吸っていた――再び歩き始める。もうこの辺りは平地と同じ程の勾配しかない。

木立ちの中の一本道を行く。この辺りの道端にはその季節になると野イチゴが生《な》るという。

七分後（午後二時二十三分）、登り口に出る。すぐに左に、ホースで延ばされた水道がある。それで少し口を湿らす。ちょうどカップルが乗るライトバンが動き出すところだ。

こちらの車は先刻下車した場所には駐まっていない。いやどこにも見当たらない。

「ここより少し下った処で待っていることになっている」

ナワングが言う。私たちは三分のちにそこをあとにする。その間私は、少し作業員用の建物前にあるベンチに坐って小休止している。

自動車道《アスファルト》を下って行く。振り返ると、タクツァン僧院がひどく高い処に見える。あそこに先程まで居たのか、と思うとちょっと不思議な感じだ。

この辺りには樹木が豊富にある。まだ植林したばかりと思える細いが喬木の松林がある。その中を自動車道が通る。登り口から十分歩いた木々の蔭に、クンサングの車は止まっている。

遠くに（中央少し左側に）望むタクツァン僧院

「どう、よかった？」

との質問に、

「ええ、とても」

思い出に残る僧院だったことは確かだ。

私とナワングが乗り込むと、すぐに出発する。クンサングはこの木蔭で昼食を摂り、そして疲れを癒していたのだろう。三人の中で最もハードな彼には、それはちょうど良かったことかも知れない。

一分走った左側の道端に、何やら土中に長方形の木枠が嵌め込まれるのを見る。そこには白濁した水が溜まっている。

「あれが、ドツォだ」

ナワングが言う。実は私はパロのホテルでそのドツォ（＝ブータン式石風呂）に入るつもりでいたのだ。しかしその料金が、二百とか三百ヌルタムと聞いて止めていた。ただ単に焼いた

道端にあったドツォ（石風呂）

石を風呂の水の中に入れて湯にした風呂と知って止めたのだ。しかしどんなものなのか、は知っておきたかったので、この道端でそれを見て、ひどく喜ぶ。これで全くホテルでドツォを試す必要はなくなる。

道端のそれを見て、

『こんなものなのか』

と思う。勿論ホテルにあるものは違っているのだろうが、むしろ市井の人々のそれを知ったことの方が私には意味深い。

それの大凡の状況を知ることがここでできる。偶然のことだったが、それを見たことも夕クツァン僧院を訪れた甲斐の一つとなる。

ドツォの処から五分で、橋に至り、それを渡りさらに三分後、本道に戻る。

左折してパロの町中へと戻って行く。

車はしかし真っ直ぐにホテルには向かわない。

パロ・ゾン前で，中学生たち

パロ・ゾン（リンプン・ゾン）を間近に見る木橋（カンチ・レバー橋）の手前に止まる。

「もしパロ・ゾンを見たければ、この木橋を渡って見物して来て下さい。まだ時間はありますから」

ナワングは言う。確かにまだ三時を少し過ぎた処だ。ホテルに入るには早いかも知れない。

その言葉を受けて一人、欄干に各色のルンタがはためく木橋――屋根のある木橋《それ》で、その上に石を乗せている。その前後の橋脚の処にある監視小屋のような建物の屋根にも同様に多くの石が乗っている――を渡って行く。

そして緑地の中にある細い石畳を歩いて、左手にすぐにある同ゾンへと向かう。

左側はその高い壁で、入口はその坂を登って左へ回り込まなければならない。ちょうどこの緑地に隣接して建つ小・中学校の下校時刻とも合っていて、多くの制服（ゴやキラ）姿の子ども達

と会う。男の子は気易くこちらに近付いて来て、声を掛けて来る。こちらのカメラを見て、

「撮って欲しい」

「ＯＫ」

彼等を撮ってあげる。もうフィルムの枚数も少なくなって来ていたが、記念にいいと思う。それに子どもはどの国の子でも可愛いので。

ゾンの入口には同十八分に着く。そしてその辺に三分程居て戻って来る。ゾン内には入らない。そんな時間の余裕もないし、カメラを持っていては入れないから。

カンチ・レバー橋には同二十八分に戻り、すぐに渡って、ナワング達の車に戻る。これですべての予定を終える。あとはホテルに入ればいい。

「ホテルにこれから行くけれど、その前にどこか行きたい処はありますか？」

「フィルムが無くなったので、それを売っている処はありますか？」

「ＯＫ」

車は町中心の通りに出て、とある店の前に止まる。郵便局の（通りを挟んで）斜め前である。

「あそこの中にある店で訊いてみて」

私は下車するとその、商店が並ぶ奥へと入って行く。しかしどの店にもフィルムは置いてない。

通りに出て、少しそこから離れた雑貨店へ行く。するといい具合に、コニカのそれがある。

「百十五ヌルタム」

と言うのを、百五、に負けさせて、購入する（後に〝百ヌルタム〟で売る店のあることを知ることになるが）。そして車へと戻り、ホテルへと向かう。

予定の宿はちょうどパロ川を挟んだ向こう側にある。対岸《そう》であるので、すぐに着くか、と思ったが、どういう訳かボンデイ村へと戻って行く。方向が違うのでは、と思い、問うと、

「近くにある橋は川の増水で一部が流され、ボンデイまで行ってそこに架かる橋を渡る以外ない」

何という大回りか。川を挟んで直線距離にすれば僅かな処にあるのに。

ボンデイ村経由、空港裏を通ったので、宿の〝DRUK HOTEL〟に着いたのは四十分もあとだった。四時十六分。とにかくこの国、最後の宿に入る。

《ティンプー→パロ（含む、タクツァン僧院往復）、走行距離、百十五㎞。総計㎞数、千五百十一㎞》

パロのホテルの従業員

フロントで夕食の時刻と、明朝食の時刻をナワングを混じえて決める。

夕食は七時、明朝食は五時十五分とする。明朝は六時にはホテルを出て空港へ向かわなければならないからだ。それを確認すると、ナワングはクンサングと共に車に乗ってどこかへと消えた。

「私たちもこのホテルに泊まる」

と言っていたが、本当にそうなのかは判らない。ここはこの町で一、二を競う高級ホテルだか

ら、彼等の泊まる部屋でもあまり安くはないだろう――もしかしたら、この町にあるもっと安価なホテルに泊まるのかも知れない。

四時五十三分、部屋に荷物を置くと宿を出る。歩いて少しこの町を見てみたい。

フロントの男に町中への近道を訊く。車が走って来た道《ルート》を戻って行ったら大変な距離になる。

ホテルからは町の家並が眼下に比較的近くに見えていた。たぶんそこへの無駄のない道はあると思う。

するとちょうど一日の仕事を終えた通いの女の人三人が、そちらへ向かうのを玄関先――ルートの説明を受ける為にフロントの男と共にそこに居る――から見る。フロントの男は内庭越しに彼女等に声を掛ける。こちらのことを伝え、案内して行くように言う。それで私は小走りして緑地を横切り、彼女等に追い付く。その後《ご》は下り坂を、後ろに従《つ》いて歩く。

自動車道を途中から左に外れて、ショートカット。そして再び自動車道に出て、川辺に下《くだ》り着き、あとは先程の木橋＝カンチ・レバー橋に向かって歩いて行く。

三人居た女の人は、途中にあった家で二人が消えている。残った一人の女の人はパロ町中の人ではなく、五㎞も離れた処に住んでいると言う。

「どういう風に帰るのですか？」

「歩いて帰ります」

「歩いて？」

屋根に石の乗るカンチ・レバー橋

「そう」

「どの位かかりますか？」

「二時間程……」

毎日、往復で二時間をかけて通《かよ》って来ているのだ。公共のバス等はこの時刻にはないらしく、またあったとしても代金が結構かかるので、いつも歩いていると言う。

カンチ・レバー橋を渡って、柳の植わる並木道を通って、町中に着いたところでお礼を言って、その女の人と別れる。私は商店を見て歩く。

この国は、この国に住む人々は確かに善人そうな人が多い。旅行者のこちらに対して、何か悪さをしてやろう、と近付く者など見掛けられない。好奇の目を向ける者も、子どもを除けばほとんどない。顔貌が似ていることもあるだろう。いやそれは、外国人との対応に悪い意味で

夕刻のパロのメインストリート

毒されていないといった方が正確だ。

夕暮れの近付いた町中（メインストリート）を歩いても、何の不安もない。久しぶりに味わう旅先での善人そうな瞳の群れ。かつての日本も、そうたぶん明治・大正、そして昭和の初期頃までは、日本人は外国人に対してこのような瞳を向けていたのだろうと思われる――無垢な――眼差し。

小一時間、六時十五分まで商店を、そして町行く人々を見ながら過ごす。

先程フィルムを買った店周辺を歩く。フィルムは結構多くの店で扱われていた。先程の店以外にも百五ヌルタムで売る店はあった。

様々なモノを扱う雑貨店が多い。勿論、食料品店も洋品店も靴屋もある。但し、その割には食堂は多くない――いや、日本との対比でそう感じるのだろう。

日のすっかり暮れ落ちる前に帰路に着く。

メインストリートを外れて、パロ川沿いの柳の並木道を行き、白いチョルテンが三つ並ぶのを見ながら——その壁に嵌め込まれている小さなマニ車に人々は触れて行く——、カンチ・レバー橋に至り、その木橋を渡り、暫く川辺に沿って歩く。そして路傍の岩石《いわいし》に描かれた仏画を左に見て、川辺から離れて、登り坂を行く。

少し登った処で、先程親切に、帰宅する従業員の女の人三人に声を掛けてくれたフロント係の男の人と行き会う。今日の彼の仕事も六時まででということで、「帰り道」と言う。

彼もまた全くの善人で、旅行者のこちらに百%の好意を示してくれていた。その人柄を、その態度から知って、こちらは先程フロントに立つ彼をカメラに収めていた。それは勝手に収めたもので名前は訊いていなかった。

路傍の岩石に描かれた仏画

パロのホテルのフロントで。フロントの男，Thinley

しかし偶然ここで会ったことで何かを感じ、彼の名を訊く。写真をあとで送ろうと思ったからだ。これまで写真を撮ると、「送って欲しい」と言う者が多かっただけに、その違いを彼には感じて。こんな人にはこちらから好意を示したいと思って。写真を送ることは僅かなことだが、何かでこちらの好意を相手にも伝えたいと思って。是非そうしたいと思って。

紙片に名前（"Thinley"という）と送り先（同ホテル気付）を書いてもらって、別れる。

そして再びホテルへの道を辿る。やはり途中からショートカット、自動車道と離れて細道を登って行く。もう日はほぼ暮れかけている。

六時四十八分、ホテルに戻り着く。

部屋に入り、シャワーを浴びる。七時夕食、というのには遅れることになる。

二十分遅れて、その一階のレストランに入る。

広いここには客は誰も居ない。夏はシーズンオフということだ。たぶん他にもあるホテルに分散しているせいもあるだろう——あの日本人カップルもこの町のどこかのホテルに泊まっている筈だから。

それにこのホテルはこの町では最高級に属される処だから、一般の客でもあまり利用しないかも知れない。私としても、日本の旅行代理店が設定してくれたから泊まっているようなもので、もしこのようなホテルと最初から判っていれば選択しなかったかも知れない。普段貧乏旅行している私には、ちょっと敷居が高過ぎる処と思われて。

レストランの内装同様、夕食もここでも豪華。まず、①おかゆ様のスープ、が出たあとは、いくつもの皿が一気に出て来る。

②白ごはん、③麻婆豆腐、④ヤキソバ、⑤人参、いんげん、玉ねぎ炒め煮、⑥鶏肉、ほうれん草、カシューナッツ煮、⑦人参、ほうれん草、キャベツ、マッシュルーム煮、である。

これらがいつものように大皿にドッサリと盛られて出て来る。やはりどれも三人分はありそうな量で。テーブル上はそれ等で満たされる。

それぞれの皿から少しずつ取って、食してゆく。味もやはり問題ない。仮え隠し味としてチリが入っているとしても、こちらには何も問題ない。どのお皿の料理も八割方は胃袋に入れてゆく。

ブータン最後の夕食、少しいつもより胃を膨らましてもよい。レストランから部屋までは二十メートル程の距離なのだから。

DRUK HOTELの夕食景

デザートに、〝リンゴ煮・シロップ掛け〟が供され、最後に、コーヒーか紅茶が出される。

この国の旅行で、食べることに関しても、不満を覚えたことは一度もない。そういった意味でも居心地の良い国と言えた。

八時に終えて、部屋に戻る。

温風ヒーターに電源を入れて、部屋を暖める。セミダブル・ベッドのツインルームは広い。窓には二重の部厚いカーテンが掛かる。

ブータン最後の夜、静かで暖かで、眠りに就く。

忘れ得ない国

八月十五日、火曜日。

朝、四時少し過ぎには起床している。最終日であっても時間に遅れることはできない。ホテル発時刻、六時を違《たが》えることはできない。

朝食時刻、五時十五分にはレストランに行く。それより三分早くそこに行った時にはまだ扉は閉められていたので、少し心配したが、約束のその時刻には開いて、ホッとする。

サービス係の男も一人居て、こちらがテーブルに着くとすぐにやって来て、飲み物と玉子の料理の希望を訊いていった。こちらは何でも良かったが、オレンジジュースと目玉焼を注文する。

二分もするとそれを含めた朝食が運ばれて来る。オレンジジュース、コーンフレーク、トースト、ジャム、バター、目玉焼、それに紅茶である。コーンフレークが出たのは初めてだ。それがこのホテルの格を示しているのかも知れない。それと同時にミルクも運ばれていた。

同五十分には食べ終えて部屋に戻る。既にまとめておいた荷物を取って、五分後にはフロントに行く。ナワングがそこに居る。彼はずっと時刻には正確だった。このこともこの旅行を気持ち良いものにしていた。

「グッド・モーニング」

「グッド・モーニング」

挨拶し合う。そして、

「準備はいい？」

との問い掛けに、バックパックを示して、

「いいですよ。いつでも発てますよ」

クンサングもやって来る。彼とも朝の挨拶を交わす。彼等が昨夜どこで過ごしたかは知らない。まさかこのホテルの客室ではないだろう。そのことは間違いなく言えた。ガイドと運転手専用の特別な部屋があるのかも知れない。朝食も専用の食堂があるのかも……。

六時ちょうどにホテルを発つ。ここからは空港は遠くない。

坂を下って少し走ると、もう空港の外周に出ている。それに沿って走って行けばいい。

十分後にはそこへのゲートに着いている。ゲートを入って四分、滑走路と並行するように車道はあり、そこを走ってターミナルビル前に着く。

建物内に入ると、

「空港税をまず払って来て下さい」

ナワングが言う。

右側にある銀行で、〝三百ヌルタム〟を出して航空券に、その支払い済み証明を貰い、ナワングの処に戻る。空港内は混んでもいず、かといってガラガラでもない程に人影があった。

ナワングとはここで別れる。握手をする。彼は特別その手に力を入れることもない。こちらもそれに合わせる。十日以上を一緒に過ごした割には呆気ないものだ。しかしこれでいいと思う。

クンサングは居ない。彼には空港までの車中で、住所と名前を書いてくれるように言ってある。

「ネームカードをあげる」

ということだったが――ナワングからはその旅行の始まりの時点でそれを貰っている――、まだそれを受け取っていない。

まだ会える場所はあると思い、取り敢えずナワングに促されて、リュックをX線コンベアに流す。そしてそれをその先で受け取る。

このロビーにも搭乗客用の動線（順路）はあるが、彼等がそこを行っても入口辺からは姿は確認できるようになっている。つまり、扉のある部屋の内に入って行く、というのではなく、柵のような仕切りがあるだけの、そして順路は左に折れて、Uターンするようになっているので。搭乗客と見送り人とはその柵越しに、いつでも話すことはできる、というような〝造り〟になっているので。

X線を抜けると、その先、左に少し歩いた処にあるチェックイン・カウンターで搭乗手続きをする。いい具合にその予約はされていて搭乗券を受け取ることができる。

そこより入口方向に戻るようにして行った柵の処で、クンサングを待つ。ここより先に進むと、もう見送り人とは会えなくなる。扉のある別室へと進むことになるからだ。

少しすると彼はやって来る。名刺をくれる。それを受け取ると、

「撮った写真は必ず送りますから」

と言って握手する。彼もまた強くは握らない。それを知っているので、形だけの握手で終わる。

写真は沢山撮っている。ナワングのもクンサングのもそれぞれ二十枚以上は撮っているだろう。

それを送ることが、彼等の好意に応えることであると思う。本当はこの空港で彼等に何がしかの

モノを渡せば良かったのだが、そういったことの苦手な私は何も与えることはなかった。

二人はこれからティンプーに戻る。あるいは大変厄介な客から解放されて、〃ホッ〃としているのかも知れない。私にとってはいいガイド、いい運転手だった。

搭乗手続きロビーから隣のイミグレーションを通り、そしてカスタムへと行く。前二つ（手続きロビーを出てからカスタムまで）を同二十三分〜二十五分の間に抜けている。

空港内，カスタムの窓口

ここで再び荷物検査を受けている。と言っても口頭での申告だけでリュックを開けさせられることはない。

彼等の仕事ぶりを、「ビデオに撮っていいですか」と訊くと、「ＯＫ」と言うので、モニターを見ながら、部屋と共に回して写す。客は大して居ないが、こんな処にもこの国の平和さが垣間見られる。

この部屋に居る時、昨日タクツァンで一緒になった日本人カップルと会う。しかしちょっと目礼しただけで言葉を交わすことはない。

カスタムの次は、出発ロビーとなる。

ここにはカルカッタ、そしてバンコクへ向かう客が居るが、まだその数は十名程と少ない。

隅のベンチに行き、その時を待つ。もうブータンも終わろうとしている。

搭乗開始は八時三十分。ロビーに居る人の数は数十名と増えている。

来た時と同じく歩いてその機下へと行く。機も来た時と同じである、ブリティッシュ・エアロ機。七十二人乗り。KB一二二便。

定刻の七時三十分より大幅に遅れた九時十四分、ほぼ満員の客を乗せた同機は、パロを離陸する。

千五百余kmを動いたブータンの旅行が後方に去る。

これまでの国々とは違った、忘れ得ない国、となることは確かだ。その平和さ、そこに暮らす人々の温和な表情、素朴な田園景、人々の生活《いとなみ》を知って……。

四～五十年程前までの日本の光景《すがた》を、こちらに蘇らせてくれたという点において……。

了

エピローグ

パロからの機は一時間後（午前十時十四分）にカルカッタに着陸し、三十六分後には再び離陸した。

そしてバンコクに着いたのは同日の午後二時二十六分。

トランスファーのチェックイン（午後八時）までの時間を、三階の出発ロビーで過ごす。

その五時間以上を大して退屈することもなく過ごす。旅行中にはなかった自由で落ち着ける時間だったからだ――〝個人〟旅行と言っても、ほぼ常に、ガイドと運転手と行を共にしていたから。そうでなければ、その国の入国は叶わないと解ってはいても……。普段は気ままな旅行をしている私だったから、その自由をこんな時間にも感じて。

こんなポツンと空いた無為な時間も好きだ。旅行でしか味わえない時間。乗り継ぎ便待ちの、空港での時間もそれ程嫌いではない。

午後八時過ぎにチェックインを済ますと、同（三）階にある銀行で両替をする。免税店で土産物を買う為だ。ドルでも買えるが、計算するとバーツで購入した方がいくらか率が良いようだ―

――こういう事《ところ》での無駄はひどく嫌いなので。

タイには五年ぶりだが、そのレートを見て驚く。一米ドルが四十バーツにもなっているからだ。五年前は二十三〜四バーツだったと思う。この五年の間に――どうやら二年前の一九九八年のようだ――バーツの価値は下がったようだ。とするといつもの定宿、カオサンにあるゲストハウスの料金はいくらになっているのだろうか。百バーツは下らないだろう。あの当時も三米ドル（六十バーツ）近くしていたのだから。

あの角《コーナー》の食堂の〝フライドライス〟はいくらになっているだろう。当時は十五バーツで食べられたが、あるいはその倍を越えているかも知れない。

ちょっとそんなことを考えながらの両替だった――タイ出国料が五百バーツになったというのも仕方ないのかも知れない。但し、比率的には四百バーツというところが順当と思えるが。

九時十七分、搭乗ゲートの四十六番に向かう。日本への日本の航空会社（ANA）の便なので、客の九十％以上は日本人だ。もはや外国旅行は、その短かった旅行は後方に完全に消えている。実質ここにはもう日本の空気が流れている。

同五十六分、搭乗が開始される。

離陸は十時四十三分。ほぼ満員の客を乗せたボーイング七四七型機はバンコクを飛び発つ。

ブータンが記憶の内へと消えて行く。僅か十一日間（実質十日間）のそれは、多くの思い出をこちらに与えて……。

モノローグ

朝、ちょっとした理由から、一台電車を逃してしまう。

最初から一台あとのそれに乗ると判っていたなら、もっとゆっくり――一時間程を――寝ていられたのに、と少々この成り行きに不満を覚える。

いつもながらの齟齬にちょっとした悲しみも覚える。しかしこのようなことも、もうあと長くはない、と思って諦めの気持ちへと転化させる。

『そうしたいのなら、そうしてもらう以外ないのだろう』

錦糸町（JR駅）発が六時二十分の電車（成田空港行き）に間に合わせる為に、五時には起床する。前日から家を出るのを遅くとも五時五十五分と決めている。それなら徒歩十分で両国駅に着いて、五分待ったとしても、六時十分に来る総武線には乗れ、一つ目の錦糸町には二分後には着くのだから、余裕でその時刻発の成田空港行きには乗れる筈だった。

しかしこちらの起床と共に階下の母も起き出し、まだ五時台だというのに、何やら事を始め出す。普段なら決して動き出してはいない時刻なのに。

そしてこちらの家を出ようとする時、狭い玄関口に出て、古新聞を束ねたものを廊下に出して来る——今日がどうやらその回収日のようなのだが。

こちらは普段なら家を出る前にもう一度、持ち物を確認して出て来るのだが、そんなことで早くに家を出たく、その確認をすることなくリュックを背負って歩き出してしまう（それでも予定より三分遅れの五時五十八分になっていた）。駅への道中、その母の行動に小さな憤りと不満を感じている。

五分も歩いた処で、「ハッ」とする。肝心のパスポート類を入れた腹ベルトをして来ることを忘れていることに気付く。前夜ちゃんとリュックと共に置いておいたのを、朝何気なく近くの机の上に置いたことに気付く。そこから確かに動かしていない。バックパックでの旅行に際しては、その家を出る時には、必ず腹ベルトをしているか確認しているのに……。そんな行き掛かりから、それを忘れている。

六時四分に引き返す。リュックを背負って、より早足で歩く。

同九分に家に着き、靴ヒモ——訪問国を考えて軽登山靴にしている——をほどくことなく土足のまま玄関を上がり、短い廊下を通って二階へ行き、机の上にある腹ベルトを取って、すぐに引き返す。

『両国に着いてすぐに電車が来れば、間に合うかも知れない』

と思いながら、駅へと急ぐ。まだ早朝なのに――と言っても八月だから――汗が吹き出している。

考えてみれば笑ってしまうことなのだ。母の行為をごく普通に受けとめていればよかったのだ。そこに彼女が居ても普段通りの出発景をすれば……。

しかしこれまでにも、旅行に際してのその朝に、同じような、ある種、「邪魔」な行動をとられてイラついていた自分がいたことも否定できない――それの始まりは三十年以上も前の最初の旅行時の朝に遡れる。そしてそれから何度同じような出発当日を繰り返して来たことだろう。

ここ数年、いや十年近くは、もう帰国日の決まっている、せいぜい長くても三~四週間程の旅行だというのに、母は気になるとみえて必ず起き出している。

だから家出発が正午前後の時が最も気楽だ。母はその頃、用事があって家を既に出ているからだ。その際の出発は一人ゆっくり、家を出ることができていた。

両国駅着は六時十七分。

すぐに電車が来れば同十九分に錦糸町に着いてギリギリ間に合うか、と思ったが、そうはならず、こちらの電車より先に、そのホームに立って二十秒もすると、錦糸町方向右手前方、【江戸東京博物館】際から地上に出て来る同快速電車を見る。

『あれが成田空港行きの電車だろう』

六時二十分発にしては少し早いようだが、たぶんそうだろう。半ば諦める。現実にもう少し余裕の時間をもって家を出なかった自分が悪い訳だから。

総武線の普通電車はそれから一分程のちに入線して来て、同十九分に発車する。

『もうダメだ』

と思う。

そして二分後、錦糸町駅のホーム先端に入線して行くと同時に、左手一つ向こうのホームを出て行く同快速電車を見る。次の電車《それ》まで、一時間を待つことを余儀なくされる。

成田発のフライト予定時刻は十時なので、次の電車で行っても一時間十五分程の間はある。イミグレーションの行列が——いや正確に言えば、その手前の手荷物のX線検査所への列が——長くなければ、一時間の間があれば、充分な余裕があるだろう（以前、搭乗のチェックインを終えたあと、その検査所を通過するのに二十分以上もかかったことがあったが）。

錦糸町を七時十八分に発った電車は、八時四十二分に成田空港第二ターミナル駅に着いた。

いつも通りのコースを歩いて、三階の出発フロアに向かう。今回の使用航空会社は全日空であり、Bカウンターになっている。そこへ直行し、団体客の脇を抜けて、その敷域内《スペース》に入る。空港職員の制服を着た女性に問う。

「バンコク行きなら、あちらのカウンターです」

少し先方の数人が並ぶ列を指差す。いい具合に長い列は出来ていない。エコノミークラスを処理しているのは三つのカウンター。その一つに並び、四分後に番が来て、簡単に手続きを終える。預ける荷物がないので、いつも一分もかからずに終わっている。

その敷域を出て、荷物検査所へ。

いい具合にここも大した行列は出来ていない。一分もすると、通過できる。

そしてイミグレーションへ。ここはかなりの人で混み合っている。

列によって、いや係官によってその処理のスピードが違って、たまたまこちらの並んだ列は遅い処であって、抜けるのに二十分もかかってしまう。隣の列に並んでいれば、七～八分は早く済んでいた。出国に際しては外国人に対しても大したチェックは必要ないと思えるのだが……。

九時十六分、自由となって出発ロビーへと向かう。A—63がその場所だ。もうあとは、搭乗アナウンスを待つだけである。

どうにか今夏の旅行、ブータンでの短い数日間が始まる。

あとがき

難しく、あるいは煩わしいと思っていたブータン入国も、旅行代理店に頼めば比較的簡単に入れると知り、半ば唐突に行くことを決めた――いつか訪れようとは考えていたが、今夏になるとは、その一カ月前まで考えていない。

数社の代理店を当たり、そこへの旅行の大凡を摑むと、検討後にツアー（十人前後）ではなく、一人での訪問を決めた。その分、割高――一日につき、十米ドル――になることは得心した。ツアーだと、こちらが希望する町村を訪れないので。

代理店は結局T社を選ぶ。担当のKさんがとても丁寧な対応をしてくれたからだ。限りなくこちらの希望通りのルートで旅行計画を作成してくれたからだ。

しかし出発までにはいろいろな曲折があった。と言うのも、Kさんが数日間他の仕事で日本を留守にしたからだ。その間の対応に当たった人は決して好意的ではなく――旅行業に携わる者の持つある種、独特のニオイを芬々とさせる人（旅行業界人の典型）で――、代理店の変更も考えたが。しかしKさんの帰国後は当初の計画通りに流れて、変更することもなく済んでいた。

基本的にはしかし、こちらの提出した希望旅行ルートはかなり難しいものと伝えられた。ブータン側からの返事がルート変更を示唆して来たからだ。しかし、あらゆるリスクをこちらが負う、ということで当初のこちらの希望は了承された。

ブータン側代理店と、こちらの代理店の危惧は、つまり時季の悪さだった。彼等の、私《こちら》の旅行選定ルートに対する危惧は、つまり次のようなものだった。

八月はこの国の雨季に当たっていて、道路状況如何によってはこちらの希望地への訪問は確約されないということ。また仮え往きは大丈夫であったとしても、復路にそれに当たった場合には、やはり予定通りには日程はこなせないということ。予定日にティンプー、及びパロに戻れなければ、帰国ができなくなるということ。

そのような事態になってもブータン側は何も責任を持ち得ない、ということ。それらをすべて了解するなら、と。

つまりもしそのような事態に遭遇してもこちらは何も苦情を言えないこと。またその間にかかる新たな滞在費、新たな査証代金等の出費はすべてこちら負担になるということ、それらのことをすべて了解するというならば、それは可能だと。

私は勿論それらをすべて了承して――それらのリスクをすべて負って――この旅行を始めたのだった。そして……。

旅行自体はここに記して来た通り、その危惧は半分当たってしまった。

雨季の八月、確かに道路は寸断されていた。順調に行かず、足止めを喰ったことも度々あった。

しかしそのようなぬかるみ、落石、土砂崩れ・崖崩れ現場を結局は何とか脱け切り、首都ティンプーへ、そして空港のあるパロへと戻って来られた。その後のブータン以降も当初の予定通り進行させることができ、バンコクからの帰国便にも乗ることができた。

本文中の各所にも記したが、ブータンの人々の優しさ、慎しみ深さはかつての日本人を思い起こさせた。

この国が、このあと何年経っても今のままで、そしてそのほとんどの人がこのような、無垢で、心暖かいままであって欲しいと、真に祈らざるを得ない。他に類を見ない、ほとんど稀有の国、そして国民だから。

現在の為政者（国王）の方針であるという外国人旅行者への入国制限は、このような現実を見る時、必要なものだと賛同する。もし誰でも自由に入れたら、必ずや治安は悪化し、その風紀は紊れ、町の雰囲気は一変するだろう。それは近隣の国の状況を見れば明らかなことだ。

私は決して保守主義者ではないが、このような実際を見れば、可能な限り今の政策を続けて欲しいと願ってやまない。

外国人旅行者に対し、一日二百米ドルの支払い（これが宿泊費、食事等に充てられる）を課す、ということは良いことだと思う。タイやフィリピン、あるいはマレーシアやインドネシアの小島、そしてインドやネパールで、ドラッグに狂奔する若者たちは決して入って来れないだろう――。

世界で一つ位、このような平和で暢びりした国があってもいいような気がするからだ（いや勿論、平和な国は他にも世界にはあるだろうが……）。

尚、ここでの距離計算は、利用したエトメト社の車の走行メーターをカウントしたものであって、各町村間の正式、正確なそれを意味するものではないことを付記しておきます。

最後になりましたが、雨季ということにも拘らず、個人旅行をこちらの希望通りに設定して下さったT社（大陸旅遊）のKさん（小林さん）にお礼を申し上げます。誠実な同氏が居なければ、あるいはこの旅行はなかったかも知れません。

勿論、現地でのガイドのナワングと、運転手のクンサングにも衷心より謝意を表します。再び訪れる機会があれば、またあなたがた二人にお願いしたいと思っています。

この拙文にも多くのご好意を示して下さった学文社の三原さんにお礼申し上げます。

二〇〇一年九月

著　者

鈴木　正行

1949年，東京生。

ブータン小頃《しょうけい》
——雨季千五百km移動行——

2002年 8 月30日　第一版第一刷発行

著　者　鈴木　正行

発行者　田　中　千津子

発行所　株式会社　学　文　社

〒153-0064 東京都目黒区下目黒 3 - 6 - 1
電　話　03 (3715) 1501(代)
F A X　03 (3715) 2012
振　替　00130-9-98842
http://www.gakubunsha.com

印刷所　メディカ・ピーシー

ISBN 4-7620-1153-3

鈴木 正行

あふりか浮浪

アフリカ乞食行 〔全6巻〕

各巻 四六判並製カバー 本体各850円

第I巻 エジプト、スーダン、ケニア、ウガンダ、ルワンダ、ブルンディ、タンザニア （一九八一年三月～同年十月）

第II巻 ザンビア、マラウィ、ジンバブエ、ボツワナ、南西アフリカ（ナミビア）、南アフリカ共和国 （一九八一年十月～八二年二月）

第III巻 ボツワナ、ジンバブエ、モザンビーク、マラウィ、ザンビア、ザイール （一九八二年二月～同年六月）

第IV巻 ザイール、中央アフリカ、カメルーン、チャド、コンゴ （一九八二年六月～同年九月）

第V巻 コンゴ、ガボン、赤道ギニア、カメルーン、ナイジェリア、ベニン、トーゴ、ガーナ、コート・ジボアール、リベリア、シエラ・レオン、ギニア、ギニア・ビサウ （一九八二年九月～同年十一月）

第VI巻 セネガル、ガンビア、モーリタニア、マリ、オート・ボルタ、ニジェール、アルジェリア （一九八二年十一月～八三年三月）

東南アジア1983年

タイ、マレーシア、シンガポール、インドネシア、ビルマ、フィリピン紀行

タイ、マレーシア、シンガポール、インドネシア、ビルマ、フィリピン

鈴木正行著　**本体一二〇〇円**

カナダ37日

バンクーバー―モントリオール往復行

日本発、カナダへ、ブリティッシュ・コロンビア州、アルバータ州、サスカチュワン州、マニトバ州、オンタリオ州、アメリカ、ケベック州

鈴木正行著　**本体一五〇〇円**

パプア・ニューギニア小紀行

20日、6都市移動行

旅発ち、ポートモレスビー、マダン、ウエワク、マウントハーゲン、レイ、ラバウル

鈴木正行著　**本体一五〇〇円**